关键选择

起底27个赚钱的逻辑

[英]伊恩·麦克雷（Ian MacRae）
[英]阿德里安·弗恩海姆（Adrian Furnham）/著

廖梦铧 / 译

MYTHS OF WORK

The Stereotypes and Assumptions Holding
Your Organization Back

 中国友谊出版公司

图书在版编目（CIP）数据

关键选择 / (英) 伊恩·麦克雷, (英) 阿德里安·
弗恩海姆著; 廖梦铧译. -- 北京: 中国友谊出版公司,
2020.8
书名原文: Myths of Work
ISBN 978-7-5057-4944-3

Ⅰ.①关… Ⅱ.①伊… ②阿… ③廖… Ⅲ.①管理学
- 通俗读物 Ⅳ.①C93-49

中国版本图书馆CIP数据核字（2020）第110879号

书名	关键选择
作者	[英]伊恩·麦克雷　　[英]阿德里安·弗恩海姆
译者	廖梦铧
出版	中国友谊出版公司
发行	中国友谊出版公司
经销	北京时代华语国际传媒股份有限公司　　010-83670231
印刷	北京中科印刷有限公司
规格	880×1230毫米　32开
	7.75印张　107千字
版次	2020年8月第1版
印次	2020年8月第1次印刷
书号	ISBN 978-7-5057-4944-3
定价	49.80元
地址	北京市朝阳区西坝河南里17号楼
邮编	100028
电话	（010）64678009

致　谢

　　我们希望向所有帮助或支持本书的人表示感谢。卡伦·福克斯、乔·帕斯洛、保罗·赖因、希瑟·斯图尔特和苏拉·尹善为本书做出突出贡献，对此表示最真诚的谢意！

介　绍

　　工作和工作场所是流动的。工作的性质和特征总是在不停改变，但变化的速度似乎在加快。更年轻的人进入职场，自动化和计算机化你追我赶，雇主和员工的关系不断变化。关于工作，我们有不少的迷思和先入为主的观念，有些还有点道理，有些则完全是胡说八道。

　　解决迷思的过程是一个选择的过程，同时也是一个绝佳的机会，让我们可以通过讨论职场上许许多多的例子来破除对于工作的错误看法。直面迷思是我们了解各种工作和职场的最理想的方式，这种方式不那么一本正经，反而充满趣味。通常，人们要用数百页纸来阐释各种深奥理论，然后才能得出一个结论。但是我们跳过这一步，直捣核心，只讨论和工作最相关的问题和意见。

在这本书里，我们将用故事、事例、案例研究和段子来破解职场中常见的迷思。我们无意嘲笑、讽刺或者冒犯任何人，只想在常见的工作迷思中挑出错误的地方。为了客观起见，并保持文章的高水准，我们删掉了一些不高级的笑话，还有那些调侃世界领导人和声名狼藉的公众人物的比较出格的话。本书旨在迅速消除偏见和迷茫，同时给读者带来乐趣。

本书的每一章都会解决一个迷思，先介绍人们对职场的固有思维，剖析它们是怎么形成的，再提出解决方案。这些迷思，有的极为常见但能轻易被推翻，比如"千禧世代需要一个不同的职场文化"（千禧世代，一般指 20 世纪 80 年代到 21 世纪初出生的人，是源自美国文化对一个特定世代所习惯称呼的名称）；有些常见、容易被理解，而且基本为事实，比如"电脑会取代你的工作"。虽然不少篇章都在讨论迷思、刻板印象和错误思路，但我们发现那些讨论中也不乏真相和事实。在探索这些"迷思"的过程中，我们发现，关于工作的事实或意想不到的信息比预想中的多很多。

本书大致分为四大类。第一类，职场法则。职场法则指的是工作中有益或无益的政策、程序和规则。我们将安全健康、办公室恋情、听音乐和在家工作都囊括在里面。第二类，趋势背后的真相。这一类讨论职场上新的、正在酝酿中的或有趣的趋势。它们包括了谷歌形态的办公室，神经科学对工作的重要性以及可持续性。第三类，关于人的迷思。这一类讨论谁是最佳员工，以及员工如何能够做出最好的业绩。第四类，关于学习、发展和才能的迷思。我们探讨人们如何学习，什么时候不学习，如何测评和提高工作表现，哪类人能成为最出色的经理。

尽管在每一章中我们都会肯定或者反驳一个迷思，并得出一个结论，但是全书最重要的结论就是，不管迷思是否存在，不管你是否赞同它们，探索职场迷思最好的方法就是去讨论它们。不管是身为作者还是读者，我们都可以就某个观点发表赞同或反对的意见，用幽默或讽刺的方式去讨论有关职场的观点。

当然，我们也会探讨许多严肃的、紧迫的甚至是富有争议的事

件。用体面和愉快的方式去讨论话题很重要，但是了解这些事

件或者迷思背后的真相也同样重要。

本书将开始正题。获得职场提升的最佳方法就是将讨论迅

速且直接地带入职场。

目录

选择一
员工应该周一到周五、朝九晚五地工作？

　　灵活的工作形式在可预见的未来会继续下去。什么是灵活的工作形式？它指的是办公模式的多样化，比如大家可以自己决定何时开始工作，何时结束工作，也可以在家、办公室或者其他任何地方办公。

介　绍

　　我们都学会了如何在周日晚上发邮件和在家办公，但是很少人知道如何在周一下午看场电影。

——里卡多·塞姆勒 (Ricardo Semler)
巴西塞氏企业 (Semco)CEO

有些人热爱他们的工作，有些人则觉得工作时间度日如年。后者就是那些会把他们的工作简单地描述为"朝九晚五"的人。"朝九晚五"并不只是员工一天工作的时间点，它还蕴含着某种文化意义。拥有一份朝九晚五的工作，并不是说一个人的工作时间一定是从早晨 9 点到下午 5 点，而是代表着做全职工作的人，他们从周一到周五，按照固定的时间办公。

传统的 8 小时工作制最初在 1817 年由罗伯特·欧文提出。罗伯特·欧文是一名社会改革家。一直以来，他都在观察工业革命期间工人所忍受的漫长且严苛的 16 小时工作制。他发起了"每周 40 小时工作制"的运动，用"生活需要平衡"这一无可争议的（在当时）理由来支持它。罗伯特·欧文宣传道："8小时工作，8 小时休闲，8 小时睡眠。"一天 24 小时应该按工作、休闲和睡眠来平均分割。

在见到员工生产力提升后，8 小时工作制很快就被各企业采纳。汽车制造商福特就是第一批采用每周 40 小时工作制的企业之一。当时其他同行都在犹疑观望。于是，眼见着福特的利润在短短两年间由 3000 万美元增加到 6000 万美元，大家纷纷开始效仿。然而，从周一到周五，每天工作 8 小时真的是提高生产力最有效的制度吗？有没有其他更有效的工作方式呢？

一天 8 小时工作制的弊处

巨大的技术变革在经过漫长的一段时间后深刻地改变了工作的性质。互联网、平板电脑和智能手机让员工能够在任何时间、任何地点办公。员工不再被限制在办公室的格子间里，他们能够远程办公。这也意味着办公室的人可以把工作带回家处理。单单在英国，就有越来越多的人在家查收电子邮件。有81% 的人在工作时间以外查收了电子邮件，有大约 1/3 的人一早起来甚至在还没离开床时就打开了电子邮箱。从现实情况来看，朝九晚五根本不存在，因为没有人知道员工额外工作了多长时间。

时间之所以成为衡量生产力的工具大约是因为这么做最方便。但是，在这个充满创意的世界，去寻找其他的衡量方式十分重要。一天工作 8 个小时与 8 个小时的生产力之间没有直接联系。一个员工可以在办公室坐 8 个小时而一事无成，也可以因为备受干扰而无法专心工作。2014 年的一项调查发现，在 750 个员工中，有 31% 的人每天浪费 30 分钟工作时间，有 6% 的人每天浪费超过 2 个小时的工作时间。员工具有多样性，不是每个人在同一时间都有同样的生产力。有些早起的人在上午时工作效率最高，但有些人的效率在晚上才会高些。

未来的工作形式

灵活的工作形式在可预见的未来会保持下去。何为灵活的工作形式？它指的是办公模式的多样化，比如大家可以自己决定何时开始工作，何时结束工作，也可以在家、办公室或者其他任何地方工作。这样的工作形式带来颇多好处，生产力的提升是真实可见的，比如在莱斯银行的报告里提到："66% 的直线经理和员工认为灵活的工作方式提高了效率和生产力。"更多的灵活性也意味着更能满足客户一天24小时的需求。结果表明，当员工拥有更多的灵活性，他们会更愿意投入工作中，公司的离职率也会降低。

千禧世代已经开始抛弃传统的8小时工作制。"千禧世代品牌调查"发现，45%的千禧世代认为职场的灵活性比薪资重要。随着人们越来越看重职场的灵活性，自由职业方式成了新的工作方式。《福布斯》报道，美国34%的劳动力可称得上是自由职业者，这一数字到2020年已经上升至40%，而一开始出现的科技进步是工作性质得以改变的原因。

到了Z世代（一般指1995年到2009年间出生的人），伴随着科技成长的他们会主动采用新的工作方式。此刻，他们正在上大学，即将步入职场，推进工作方式的改变。他们靠电子产品沟通，对文化持开放态度，流动性极强，且不愿意将就。除此之外，与他人别无差异。

还有些人将工作的灵活性上升到另一个层级，他们被称为"数字游民"。派特尔·莱维斯（Pieter Levels）预言，到2035 年全世界将有大约 10 亿数字游民。他们利用先进的科技手段，在任何喜欢的地方进行远程工作，很有可能在加勒比海的热带岛屿上经营公司。比如，印度尼西亚巴厘岛的胡巴迪（Hubud）联合办公场所，就是一个公共办公的空间，许多人相信，胡巴迪就是未来办公场所的样子。那里的标语 "一起工作，一起生活，一起学习，相互给予"已经吸引了一大群寻找不同工作方式的独立的个人。

结　论

也许数字游民的工作方式有些极端，而且只适合某些行业，但是企业必须改良传统的制度，学习如何融入灵活的工作方式，否则就有招不到顶级人才的风险，而他们首当其冲要做的就是观察自己的企业文化，了解员工的需求并确保满足这些需求。

选择二
在家工作效率低?

超过 1/3 的员工认为能够在家工作比涨薪重要。

介　绍

　　工作的地点、方式和完成的时间变得越来越灵活。在家工作的人越来越多,次数也越来越频繁。有些公司的工作制度甚至完全是灵活的,它们的员工可以完全掌握自己时间表的安排,评估的指标是他们的生产力和成果,而不是工作时长。

　　然而,有个根深蒂固的观念是:人们必须待在传统的办公环境中,直接受人监督才有效率。与之相对的观念是:家里充满了干扰,伴侣、室友、孩子、个人喜好、娱乐活动等,它们近在咫尺、触手可及,让人无法专心工作。的确,有些人很难在家办公。而这里，我们要探讨的问题是，员工是否能够在家工作，在家工作到底是会提高生产力，还是会降低生产力？

关于远程办公的问题值得深思，因为这个现象已经越来越普遍。比起从前，现在远程工作者的工作更多是在办公室外完成的。2012 年时，远程办公时间不足 20 分钟的人为 34%，到 2016 年这一数字下降到 25%。远程办公时间超过 80% 的人数在同一时间从 24% 上升到 31%。

盖洛普民意调查发现，在美国，"能否远程在家办公"和"灵活的工作时间"已经成为越来越多求职者的考虑因素了。许多人想要掌握和灵活安排自己的工作时间。有些做家长的希望工作时间能够配合孩子的时间，有些人只想工作半天，还有些人不想按部就班朝九晚五地工作。工作形式的灵活性被看得越来越重，以至于全球职场分析（Global Workplace Analytic）调查发现，超过 1/3 的员工认为能够在家工作比涨薪重要。

毫无疑问，远程在家办公变得越来越普遍，这种趋势在未来几年会逐渐增强。作为不断进化的一种表现，要预测到其带来的所有影响是不可能的，但是确有证据显示灵活的远程在家办公方式能够提高生产力、降低成本并提高员工的产量。

能够提高生产力的证据

一项由斯坦福大学和北京大学进行的远程办公的实验发现，与那些在常规办公室工作的同事相比，远程办公的呼叫中心工作人员的工作效率更高。这些工作人员被随机安排在家办公或在办公室工作，一共9个月。结果，与在办公室工作的员工相比，在家办公的员工的工作效率高出了13%。在家办公的员工更少请病假，他们认为工作效率的提高来自于更加安静的工作环境。

尽管类似布卢姆（Bloom）团队所做的关于呼叫中心工作人员的研究显示，在家远程办公能够提高工作效率，但值得注意的是，这样的效果并不一定出现在所有行业或所有工作岗位。

另外，麦克雷（MacRae）和弗恩海姆（Furnham）发现弹性的工作安排在专业化程度极高的领域能够令人发挥得更出色，获得更高的满意度。虽然如此，远程办公仍然属于比较新的工作方式，我们无法将结论下死，认为这样的工作方式在所有行业都能有此效果。

弹性的工作安排和在家办公看起来是精明的商业决策，它既能提供生产力，也能满足员工对独立和灵活性的需求。但是，雇主也不要用这个建议来安排所有的任务。雇主的工作安排要能够清晰地评估坐班与不坐班的效率差别。远程办公的方式可以被当作一个机会，但要谨慎地使用它，看它在各行业和各企业的独特环境下有怎样的效果。

例　子

在《动机和业绩：如何激励多样化的职场》（*Motivation and Performance: A Guide to Motivating a Diverse*

Workforce）一书中，麦克雷和弗恩海姆详细描述了一个公司的案例。这家公司通过提升工作的弹性收获了更高的生产力和利润。

莱恩（Ryan）是 1991 年成立的一家税务和会计公司。它发展十分迅速，收入由第一年的 15.6 万美元增长到如今的 4 亿美元。然而，随着公司的发展，利润和员工人数上涨的同时，它的工作条件却在变差，被称为"高薪血汗工厂"。它的员工不得不忍受长时间的高压工作，享受极少的弹性时间、假期和员工福利。高达 20% 的员工离职率给公司带来了损失，也鲜明地反映了血汗工厂的文化。

到了 2018 年，公司决定采用一个更有弹性的制度，员工和团队享有完全的自由。莱恩公司取消了传统职场文化中的强制坐班制，按员工的工作质量而不是工作时长来评估绩效。

除了更有效更严谨的绩效评估方式，员工和团队还被允许制定自己的评估标准，决定自己的工作方式、时间和地点。他们可以在家办公，自定办公时间和时长，也可以尽情放假（在工作完成的前提下）。在短短几年时间里，这条政策极大地降低了员工离职率，员工规模在不停扩大，企业的生产力和员工们的积极性也大大提升了。

降低成本

远程办公能够帮助公司降低成本。《企业家》（*Entrepreneur*）曾报道，一半时间在家办公的员工每年帮助公司节省了高达 1.1 万美元的成本。不坐班的员工更少使用公司的资源，占用更少的空间，不会产生和坐班相关的支出。同时，不用坐班也帮员工省了上下班途中的交通支出。

如果员工积极性和满意度得到提高，离职率就会降低，因压力和病假带来的损失也能减少。在家办公的员工往往比较健康，少请病假，有着更合理的饮食习惯和平衡的生活方式。以上种种都使得员工对公司更加忠诚，更不愿意离开，最终也为公司省下一笔钱。

社群和社会环境的消失

不坐班的工作方式会让人变得孤独和离群吗？乍一看，如果人人都选择不坐班，可能就再也没有同事间的聊天、一起吃午饭或者下班后去"喝一杯"。对电子通信交流持怀疑态度的人担心，远程工作会让员工感到孤独和离群。

然而，这个情况正在改变。2012 年的一份调查发现，坐班时间最长的员工的参与感最强。但是到了 2016 年，那些远程工作 3 到 4 天的员工却有着最强的参与感。尽管他们大部分时间都不坐班，但是他们认为自己得到了同事的关心和支持，会相互交流取得进步。远程工作带来的孤独感似乎在迅速消失。

一项令人吃惊的发现是选择坐班的员工反而感到孤独。凯文·罗克曼（Kevin Rockmann）和迈克·普拉特（Michael Pratt）在调查中发现受到远程办公的消极影响最深的是选择坐班的员工。在选择坐班的员工中，许多人来公司是为了寻找一种群体的归属感或是办公室里的社交。当他们的同事按照自己的时间表选择远程办公时，留下来的他们就感到了疏离和被孤立。办公室不再是充满活力和生气的地方，"成了真正的孤岛"，罗克曼这么说。

罗克曼的调查覆盖了硅谷 100 强科技公司，调查发现，远程办公的决定具有很强的传染性，许多员工被自由安排时间表和自由选择工作地点这两点吸引。因为这群高技术人才可以在远程完成绝大多数工作，因此很难抵抗这些吸引。但结果也出人意料——团队合作急剧下降，在办公室谈话间冒出的点子也消失不见，最终不可避免地给生产力带来了一些负面影响。

更大的格局

远程工作似乎益处颇多，而证据也指向了这种工作形式在降低生产成本的同时带来了生产力和业绩提升的可能性。

然而，远程工作并不适用于每一个人。有些员工会因为办公室里的人际交往、和身边人的交谈而更有动力。在传统的办公环境中，他们在经理的监督下工作，比起在家工作受到的干扰更少，因此工作效率更高。

目前的调查多数把目光放在高技术的专业人才身上或者那些可独立完成的工作上。我们不能就此推论在某些行业行得通的工作方式就必然能在其他行业行得通，或者给其他工种带来同样的益处。不少工作种类需要一个实体工作环境，比如美发店或汽车制造厂，这些工作没法简单地外包或者取消上班地点。

此外，远程工作也有些无法预见的潜在的后果。如果每个员工都不坐班，不再共享同一个工作环境，那么公司和团队的分裂程度会如何？有迹象表明，后果可能会很严重。事实上，我们还不知道远程工作的长远影响是什么，尤其是一旦它成了主流的办公形式后。远程工作的好处是显而易见的，但是推广这样的形式应该谨慎小心，因为它可能带来无法估计的后果。

结　论

　　远程在家办公也许并不适用于每一个人，但是"远程工作降低效率"显然是个迷思。有证据证明，和守在传统办公室的员工相比较，远程办公的员工有更高的满意度和工作效率，而且健康状况更好。

　　虽然如此，远程工作的效果还有待观察。不是每一个在家办公的人都能自我约束、自我驱动去独立完成工作。有些人需要经理在远程监督和鼓励，传统办公室才更适合他们。我们不能一下子取消传统办公形式，但是可以重新构思和设计，将它变得更加有效。

选择三
是否应该在工作中使用社交软件？

尽管社交软件具备提高职场效率的巨大潜力，但在使用社交软件的企业中，高达 72% 的企业没有将它们的潜能完全发挥出来。

介 绍

时至今日，从小孩到老人，几乎人人都在用社交软件。社交软件是在电脑和智能手机上用来帮助人们交往、分享信息、分享想法的工具。现在，社交网站和社交程序数不胜数，比如只占冰山一角的推特、脸书和 YouTube。很多人得出一个结论：社交软件是干扰的来源，尤其是在工作的时候。然而，研究调查得出了和大多数人的想法相反的结论，那就是："被鼓励在工作中转发、聊天、点赞和视频的员工效率最高。"

我们生活在社交经济时代，"知识就是货币"。成百万上千万的人在社交软件上分享他们的生活，与他人沟通。既然工作是我们生活中的重要部分，它就不可避免地会渗透到社交网站上。我们在社交网站上活动得越频繁，我们能够得到的和工作相关的知识就越多，最终给生产力带来巨大影响。

研究公司 Future Workplace 曾对来自不同公司的 1000多名员工展开了调查。调查发现，60% 的千禧世代和 Z 世代认为，社交软件的使用是职场的必备技能。人口特征的变化意味着企业要顺势而为，适应不断变化的工作性质，然后从中获益。

使用社交软件的好处

虽然这听起来有悖常理，但是学术专家们发现，当员工能够登录社交软件一小会儿，他们的工作效率就会提升些。华威商学院的苏波拉曼尼（Subramaniam）和他的同事在 2013

年对电信龙头企业 MaxCom 在芬兰、英国和德国所在办公室的员工调查他们使用社交软件的情况，这些社交软件包括 Skype、脸书和内部交流软件。调查发现，网上交流的增多让他们感觉被赋能。

在当今职场，工作不再只是朝九晚五的事，因此，有人发现，利用社交软件来获得对时间更大的控制感能够让员工更有效地完成工作。当然，制定详细的内、外部社交软件的沟通政策是必要的，它们要清晰地规定社交软件在职场中使用的地点、时间、方式和理由。需要强调的是，社交软件和电子沟通工具应该为工作服务，不得做私人消遣用。

尽管社交软件具备提高职场效率的巨大潜力，在使用社交软件的企业中，高达 72% 的企业没有将它们的潜能完全发挥出来。这并不是说所有社交软件毫无二致，或者设计的平台都只有同一个目标。在脸书私人账号上发布猫咪的照片和使用内部或外部的社交网络和同事、顾客进行工作上的沟通是有分别的。这就是为什么要专注了解和区分不同社交软件平台的不同之处以及各自对职场的好处。针对公司内部沟通的社交平台对于工作更有用，需要面向公众的公司则应该选择像脸书、推特和领英这样更开放的社交平台，它们更能够和公共用户分享市场或沟通信息。

如果将社交软件的作用完全发挥出来，有些公司的生产力能提高 20% 到 25%。根据麦肯锡的调查，那些拥有高技术和高知识员工的公司能够获益最多。利用社交软件作为内部可用信息来源能减少员工 35% 的搜查资料的时间，这些省下来的时间可以被更有效地利用。想想看，35% 的时间能做多少事情！

在合适的场合下，就算是社交软件的私人账户，使用起来也能提高生产力。皮尤研究中心（Pew Research Center）在 2016 年发现，在被调查的员工中，54% 的人认为在休息期间使用社交软件会帮他们"充电"。员工在玩社交软件时能从工作中暂时解脱出来，最后回到工作中时更能够集中精神。当然，别 5 分钟就来一次"社交软件时间"就行。

苏波拉曼尼的研究中的另一个重要发现是，在线和同事、和客户沟通得越多，获取的知识也就越多。通过这种方式，员工能够及时获知行业里的最新信息和发展情况。作为一家沟通公司，研究者曾发现，因为低效的方法，员工平均每天浪费67分钟去查找相关信息。然而，像 MaxCom 这样的电信公司，因为其员工都被社交软件连在了一起，所以能够迅速地克服这个问题，用各种渠道获取和收集信息。

社交软件给信息收集带来机遇。研究发现，因为员工经常利用社交软件或社交标签之类的工具去收集和整合信息，于是社交软件的功能不局限于和他人建立沟通，还包括提供信息和收集资料。

在制定社交软件使用的相关制度时，员工的幸福感和福利也要考虑进去。允许员工在工作中使用社交软件能够创造一个欢乐的工作氛围。作为回报，开心的员工工作更努力，给公司带来的收益也更大。

什么时候社交软件最有效

有些企业特意关闭了社交软件的连接通道，这么做是为了避免生产力流失，防止病毒或者保护隐私。如果社交软件连接毫无限制，那么以上问题会持续存在。研究发现，内部社交软件系统在企业环境中最好用。

米伦（Millen）、盖耶（Geyer）和马勒（Muller）在 2008 年为跨国公司 IBM 开发出一套内部社交软件"蜂窝（Beehive）"。每个员工都有一个简介，能够添加同事为好友，就像在其他社交软件上一样。对使用该社交软件进行分析后发现，员工的积极性有所提高。一开始，员工注册后主要和职场上的好朋友往来，到后来慢慢地结交新朋友，扩展了社交圈子。一些员工认为，这个软件帮他们战略性地与他人连接，推动了他们的职业发展。

结　论

　　根据 2016 年皮尤研究中心发布的一份调查报告，在超过 2000 多名美国员工中，有 77% 的人称，就算公司明文规定禁止在工作中使用社交软件，他们还是用了。考虑到人们必将把社交软件当作沟通的首选方式，企业要完全接纳社交软件以及它们带来的各种好处，比如，生产力提高和社交扩展。仍有疑虑的公司可选择内部社交软件，这样可以将员工在工作中使用社交软件所带来的风险降至最低。

选择四
边听音乐边工作会分心吗？

把员工当作有责任心的成年人就是要放手让他们
用自己的方式把工作完成。如果他们选择边听音乐边
工作，只要能让他们开心或者更享受工作，这没有什
么不可以的。

介　绍

心理学家找到了听音乐带来的各种好处。比如："在晚会
或者社交场合中，音乐让人情绪高昂、更乐意社交、进行交谈
和享受其他美妙的体验。"

许多人用听音乐来打发时间、消遣或者屏蔽其他声音。手
机和便携式音乐播放器让几乎每个人在任何时间任何地点都能

享受音乐。那么在工作场合应该放音乐吗？如果员工戴耳机听自己的音乐，能屏蔽掉周遭的噪音和干扰吗？听音乐到底是会提高效率还是降低效率？还是根本什么影响都不会有？从管理和生产的角度出发，最关键的问题是音乐在工作环境中到底起积极还是消极作用。

有人认为，戴着耳机工作的人没法专心做手头的任务。对这一话题的研究得出了十分经典的不确定的答案，那就是，看情况。人们对音乐的偏好和品位有着巨大的差别，所以对情绪产生的影响也不同。音乐能勾起人们的喜悦、快乐、厌恶或伤心等各种情绪。这也是为什么播放音乐的工作场所或公司往往放的都是那些普通的流行音乐。

有些调查真的发现，员工喜欢在工作时听音乐。在仓库工作的员工中有 73% 的人说自己在有音乐的环境中效率更高。在另一份调查中，65% 的公司相信音乐让员工效率更高。但是，音乐产生什么样的影响还是取决于音乐的类型以及个人的特点。

背景噪音

如果公司打算播放音乐给员工或者顾客听，那么普通且中庸的音乐是最安全的选择。这些音乐省去了冒犯到员工、顾客的担心，也避开了为政治观点或其他理念背书的风险。

除非有很好的理由把音乐当作背景，否则，音乐提高不了生产力。对背景音乐的研究结论就是，它是一种背景噪音，对生产力有害。一般来说，背景噪音就是工作中的干扰，工作越有挑战性或越需要用脑时，背景噪音的干扰力越大。简单常规的工作，比如上货或扫地，不太受背景噪音的影响；但是在处理复杂的信息、写报告或做算数任务时，背景噪音会给人带来极大的消极影响。

一般的背景音乐对于简单或常规的工作没有什么影响，但是在遇上更复杂、更有挑战性的任务时，背景音乐就会降低生产力。

音乐的种类

比较复杂的问题是音乐的类型和个人的品位。尤其在一个员工多样化程度高的工作环境中,音乐品位更是千变万化。宗教音乐的旋律在一般的工作场合中会显得不合时宜,但是在教堂里就再自然不过了;同理,在小众服装公司播放死亡重金属音乐也不会显得格格不入。

如果音乐勾起了负面情绪,就会十分令人分心。让人觉得恼火和不快的音乐,都会干扰人们的工作,影响生产力,让人情绪低落。

电讯报(*Telegraph*)曾刊登过一篇广受关注的心理学文章,文章认为如果音乐类型和工作相匹配,能起到提高生产力的作用。文章列举了以下几个方面作为例子:

· 古典音乐适合复杂的计算工作;

· 流行音乐适合数据录入和临近截止日期的工作;

·氛围音乐适合解方程式；

·舞曲适合解决难题和校对。

对这篇文章的结论我们可以保留意见，毕竟这个研究只有 26 个参与者，所以不可全盘接受。虽然有一定道理，比如，在需要书写的工作中，音乐有无歌词对效率有很大的影响，因为要一边听有歌词的歌曲一边写出完全不一样的东西时，大脑处理语言的部分要承受很大的负担。而以上所说的音乐种类和工作任务的搭配也不可能适用于所有人。

个人的选择

像所有其他职场规则一样，如果我们只是简单地给听音乐的影响下结论，那么会导致弊大于利。虽然有证据表明音乐能提高员工的情绪和生产力，但不停地播放喧哗的酷玩乐队（Coldplay）和五分钱乐队（Nickelback）的音乐可能会起到反作用。

　　毫不奇怪，员工在听自己喜欢的音乐时，效率会提升，情绪会上扬。如果员工能在不干扰他人的情况下选择自己喜欢的音乐来听，那么好处是十分明显的。即便如此，最好还是根据任务的性质来选择合适的音乐，比如给单调重复性的工作挑一首振奋人心的曲子。如果任务很复杂或麻烦，那么安静的或氛围纯音乐也许会更合适。

　　另一个要注意的地方就是，在允许员工听音乐方面给予他们多大的自主权。在专业性高、复杂程度高或者挑战性高的工作中，员工理应有充分的自由去选择他们自己的音乐，只要不影响他人或者带来什么危险就好。

　　从更长远的角度来看，把员工当作有责任心的成年人就是要放手让他们用自己的方式完成工作。如果他们选择边听音乐边工作，只要能让他们开心或者更享受工作，这没有什么不可以的。

耳机和社交距离？

另一个需考量的地方是，员工戴上耳机工作一整天后会受到什么影响。在一起工作的好处之一就是同事之间可以互相交谈、碰撞出新点子或者进行开诚布公的交流。

如果每个员工都用音乐把自己同他人隔离开来，那么办公室里的社交往来就会被破坏。如果人们选择用音乐来过滤整个工作环境，就算人们现实中相互靠近，他们之间的社交距离也会很远。音乐也许会帮助人们在某项工作中集中精神和排除干扰，但是如果每个员工都在听自己的音乐，就有可能造成团队生产力和凝聚力下降。

平衡至关重要。如果你手下的员工很聪明、很奋进，也很独立，那么他们应该拥有在工作环境方面的自主权和独立性。在生产力为最重要的考量时，应该鼓励他们去独立工作。但是，如果团队的凝聚和合作是重中之重，音乐就会是干扰，就不应该出现。

结 论

音乐是高度个性化的,它可能会成为干扰,尤其是在完成难度大的工作时;但音乐也可以改善心情、屏蔽干扰,给员工创造一个良好的工作环境。最后,回到个人层面,我们要确保音乐适合工作环境,并发挥员工的自主性,让他们自己去选择合适的音乐。

如果你不确定哪种音乐合适,最安全的选择就是约翰·凯奇(John Cage)最有名的作品《4'33"》。钢琴版尤其好。

选择五
健康和安全是敌人？

　　健康和安全不仅仅是"政治正确"，还是确保企业
具备承受力、准备充分且运行有效的重要因素。

介　绍

　　健康和安全这话题走太远了吗？难道它们不是让所有企业
止步不前、压制生产力和把员工封在行政红线、规章制度后的
老生常谈吗？还是说，它们在现代工作场所中有所作用？

　　以健康和安全为由出台的种种严厉和愚蠢的措施是娱乐小
报津津乐道的话题。比如，《太阳报》（ *The Sun* ）就有这样
的内容"一对夫妻门口的踏脚垫被拆走，只因小区委员会成员
认定它存在健康和安全的风险，这群墨守成规的家伙还要走了

40英镑的拆除费"。又或者,"圣诞精灵和'安全'互相甩锅,因为北爱尔兰议会禁止圣诞老人向小孩扔糖果"。

事实上,有大量比上面提到的更愚蠢和更令人匪夷所思的规定,它们顶着"健康和安全"之名,把某些意愿强加给人们,实际上又和真正的健康安全规章制度没什么关系,与提高工作场所的安全性以及避免伤害人们的健康更没什么关系。职业健康与安全管理局局长朱迪斯·海吉特(Judith Hackitt)说:"令人意想不到的投诉总是接连不断。你简直无法想象,为什么有人会不准生产带把的品脱杯,不让在生日派对上吹泡泡,甚至牛排必须是全熟的才行。他们觉得以上情况如果不禁止,都会危及人们的健康和安全。"

于是,上文提到的小报又有报道材料了,比如"传统的品脱杯将被取消,政府将它们列入危险品"或者"在食品安全的冲击下,大厨们只能供应全熟牛排"。

针对一些小报关于健康与安全的报道,凯文·迈尔斯

（Kevin Myers）在《每日镜报》（*Daily Mirror*）上给出了有力的反击。他说："当相关部门用'健康和安全'为借口禁止大家活动、破坏大家的乐趣时，我们会十分沮丧。"但他也承认，媒体有时在曝光愚蠢规定的同时，对宣传有意义的健康安全规定也起到了一定的积极作用，比如引起公众对健康和安全的讨论能够很好地保证这些规定适用于企业和员工。

从历史角度看健康和安全

一直以来，健康和安全是员工和媒体用各种方式进行讨论的话题。要更好地理解健康和安全的真正价值，就要从历史的角度来观察它。

健康和安全的目的简单明了，就是为了预防工作中不必要的意外和伤病，尽量避免给员工造成伤害。从道德角度讲，不让员工和顾客面临死亡和重大伤害，不使他们染上致命或致残的疾病无可厚非。但是在商业世界，强调健康和安全更直接的原因是，职场上意外和伤害的代价十分昂贵。

每年，与工作相关的疾病和伤害给英国造成 3000 万个工作日、140 亿英镑的损失，给美国造成 2500 亿美元的损失。这些损失是癌症带来的损失的 8 倍，糖尿病带来的损失的 3 倍。在发达国家和地区，与工作相关的疾病和伤害带来的损失占国民经济生产总值的 1% 到 3%，各国略有不同。损失可称得上巨大。

从历史角度来看，职业健康和安全对员工有着巨大的影响。在 19 世纪和 20 世纪初期，维多利亚式的工厂条件十分恶劣，工业和资源提取类性质的工作十分危险，而现在已经进步很多了。美国的研究发现，从 20 世纪初到 20 世纪末，与工作相关的伤害同比下降了 90%。也就是说，在 100 年以前，你在工作中死亡的概率是现在的 10 倍。

当然，这个结果也是由工作的种类和你所在的行业决定的，但在伤亡风险最高的行业里，伤害率也已经大大降低了。健康和安全规定已经被设立，用来减少任一行业或工作给人们健康带来的真正风险。

在英国，情况也朝着积极的方向发展。英国的职业死亡率从 1995、1996 年到 2014、2015 年下降了一半。《职业安全卫生法》生效后，英国的致命伤害率迅速下跌，降到了 1974 年的 1/6。

职业健康和安全不应该被忽视，因为根据美国的调查发现，将通货膨胀考虑进去后，与工作相关的意外、伤害成本一年上升了 330 亿美元。同样，在英国，自 20 世纪 70 年代以来，压力及其相关问题出现的概率比以前上升了一倍。尽管在英国等一些国家，死亡率在下降，但是不能理所当然地认为，随着时间的推移，工作环境变得更安全、更健康。

心理、生理和医疗健康问题会成为公司和员工的棘手难题。我们不能因为一些报刊轻率的头条或者一些看起来愚蠢的规定，就认为健康和安全的规定要废除。我们要用谨慎的思考方法去理解什么是合理和实际有用的。

商业背景下

英国皇家意外事故预防协会（RSPA）列出了商业背景下健康和安全的例子。

如何保证安全和健康依每个行业的不同情况而定。在建筑行业，工人要穿戴保护个人的设备，小心谨慎，不去冒不必要的风险，或者不要因为赶工而不顾安全。在餐馆，不要给顾客上没煮熟的鸡肉、没清洗过原材料的沙拉，或者反季节的生蚝。要确保每个人都接受了正确的安全和健康训练，不让自己或者他人置身于不必要的风险中。

不管企业规模如何，像火灾这样的事故以及严重的伤亡会给它们带来灭顶之灾。事故越严重，企业或者它们的员工就越难恢复过来。事故会打击当事人的士气和工作积极性，毕竟，没有谁想在不安全的环境里工作。

用来确保工作环境安全的系统和流程十分重要，但是谨记，其核心才是最重要的。对于资源不充裕的小企业来说，一定要记住的是，健康和安全不是"在方格上打钩"和动动嘴巴交代规定就完事了，必须得做出真正的改变。健康和安全有两个常识性的组成部分：

1. 健康和安全对于保护员工身心健康和保证企业可持续发展至关重要；

2. 健康和安全涉及专业知识。工作环境越复杂的地方就越需要专业的知识来帮助员工提升保证健康和安全的能力。

健康和安全不仅仅是"政治正确"，还是确保企业具备承受力、准备充分且运行有效的重要因素。完善的健康和安全行为应该成为每个工作环境中不可缺少的一部分。

结　论

　　忘掉那些愚蠢的法令，比如不准吹泡泡、不让圣诞老人扔糖果、禁止售卖带把的杯子……绝大多数情况下，这些和真正的健康与安全没有什么关系。不要被小报头条干扰，记住工作环境需要尽可能的健康和安全，毕竟我们不想回到维多利亚时代的厂房工作。

选择六
监管能不能提升工作表现？

　　监管不仅仅只是对公司内部的人有影响，实际上，监管的数据收集得越多，其产生的影响就越大，受影响的人也可能越多。

介　绍

　　在受监管的情况下工作，员工的表现会更好还是更差呢？在职场中，监管是否能减少偷懒和其他不良行为呢？它能不能帮助营造一个更安全的工作环境？

　　欧孜（Oz）、格拉斯（Glass）和贝林（Behling）曾经做过一项大型调查，探索监管对员工态度的影响。调查发现，监管会增加工作的紧张感，对工作产生消极影响。萨曼雅克

（Samaranayake） 和克拉默（Gamage）在 2011 年的一项调查中发现，员工越认为自己的隐私受到破坏，他们对工作的满意度就越低。

乔治·奥威尔（George Orwell）在《1984》这本书中描绘了一个监管无处不在的反乌托邦世界。

"在任何公共场所，或摄像头能覆盖的范围内，让自己的思想开小差是很危险的。最容易暴露你的往往是你不注意的小细节：神经的抽搐、不自觉的愁眉苦脸、自言自语的习惯……那些显得不正常、想掩饰什么的细节。"

监管无处不在，在公众场所和私人领域都一样，到处是摄像头，还有大规模收集电子信息的设备。如果你用的是公司的电子邮箱，你的老板只要愿意，可以看到你收发的每一封电子邮件。如果你用的是电子密码进入不同的楼层和房间，你的老板可以追踪到你的一举一动。他们甚至可以查看到你在公司的电脑上、手机上的所有踪迹。

毫无疑问，监管哪里都有，而且很难或者根本就不可能进行反击，所以我们有必要提出疑问："我们到底要做到哪一步？"接下来，我们用一个公司的例子来一探究竟，看看它如何用无人机来监管员工在工作中和工作外的一举一动的。

案例研究　一个极端的监视例子

奥威尔的那段话似乎十分精彩，但是在 2016 年 12 月，《卫报》（*The Guardian*）报道了矿业巨头力拓集团（Rio Tinto Group）雇用无人机对员工进行工作内外监管一事。力拓集团的全球销售和商业发展部门的副总裁基思·韦斯顿（Keith Weston）认为，监管"给我们带来行动的可预测性，可以实时洞察人员和设备的去向、顾客满意度，甚至是零售业的数据。我们的目标就是掌握员工的时间和金钱流向，然后提升他们的生活质量"。

在之后的一些报道中，力拓集团否认无人机一事，并称"有关未来科技的言论只是概念而已，我们无意将这些概念带到力拓集团中来"。当然，意图总是会改变的，许多员工担心这些监管措施会很快落到越来越多人的头上。

大部分情况下，雇主都会强调收集员工的相关数据以帮助他们提高工作效率、发现身体或精神健康问题，也就是企业所说的"对员工的洞察"以及"提高生活质量"。尽管如此，我们必须重视无孔不入的监管所带来的心理影响。在调查中，一位不愿透露姓名的力拓员工说道："如果知道有架无人机或者摄像头无所不在地全天候盯着你，你怎么能不分心？"这个员工认为，在本已充满危险的工作中受到长期的监管会引起更大的压力和干扰。

就一些公司做出的监管或监视，一名和这些公司员工打交道的社会工作者说，她经常听到有人担心："这是不是说，如果我半夜睡不着觉，决定出去走走，看看星星，是不是有人会盯着我，把这段记下来，然后我就遇上麻烦了？"这一担心和《1984》中的情节如出一辙。

过度的监管会造成员工和雇主间的相互猜疑、压力和不信任。它也会降低员工的自主能力，而自主能力是工作积极性和工作业绩的重要因素。如果抽走员工的自主性和灵活性，他们的积极性将备受打击。监管给员工传递的信息是，雇主不信任他们有能力独立完成工作。

监管和安全

监管带来的另一个问题，和收集保存数据有关。如果企业事无巨细地收集和保存员工的信息，包括行为、对话、专长和弱点，那么这些数据安全吗？

我们来看看最近备受争议的英国的《2016调查权利法案》（*Investigatory Powers Act 2016*）。这部法律要求网络服务提供商，比如维珍网络（Virgin Media）、英国电讯（British Telecom）、EE和TalkTalk等，将过去一年的访问者浏览过的每一个网址记录下来。大众对于此等监管，议论纷纷，许多争论超出了本书的范围，但是对于企业来说，他们必须考虑的一个关键问题不是有没有能力储存和收集数据，而是有没有能力担得起遗失这些数据的后果。大家可参考 2015 年发生的黑客入侵 TalkTalk 这一严重事件。

案例研究　TalkTalk 网络攻击

2015 年 10 月，电信服务商 TalkTalk 遭受黑客攻击。超过 15 万客户的资料被泄漏，1.5 万个银行账户信息被盗窃（BBC，2015）。风波过后，公司承认，这次的信息泄漏令他们损失了 9.5 万个顾客，经济损失高达 6000 万英镑。的确，公司遭受了损失，但是对顾客来说呢，对他们的影响又是怎么样的呢？在冰冷的网络世界里流动的个人信息和私人银行账户的信息安全如何？如果一整年的浏览历史被盗走了怎么办？如果这些信息是员工的私人记录该怎么办？如果是高层领导的保密计划又该如何？信息泄漏带来的影响是极其令人不安的。

TalkTalk 事件应该给众人敲响了一个警钟,尤其是当你看到此次发动黑客攻击的罪犯的特征的时候。这次的攻击不是来自敌对国家或流氓国家的商业、政治团体,也不是出于某种意识形态目的。逮捕回来的和此次攻击有关的人仅仅在 15 到 20 岁之间。一个 17 岁的挪威少年在求情时说道:"我那时根本没想后果,我就是想向我的伙伴们炫耀一番。"

一家每年净收益 18 亿英镑的大型上市公司居然因为一帮青少年的恶作剧损失了成千上万的顾客,这给其他公司敲响了警钟,提醒他们究竟要监管什么,监管得来的数据是否要储存,怎么储存,存到哪儿,以及他们到底能不能担得起遗失数据的后果。

由 IBM 资助的一项调查发现,公司信息泄漏带来的最大损失是失去员工和顾客的信任。在调查了 12 个国家的 383 家公司后,他们发现信息泄漏带来总额高达 15 亿美元的损失,且信息越敏感,解决信息泄漏的成本就越高,困难也越大。

企业对监管必须慎之又慎。如果要收集员工的信息，比如医疗记录、私生活的动向、GPS 定位或其他个人信息时，一定要考虑万一这些信息泄漏，代价会是什么？

监管不只是对企业内部人才有影响，收集的数据越多，影响越大，受影响的人也越多。

TalkTalk 绝对不是个例。比如，2016 年，美国联邦调查局（FBI）和国土安全局遭到黑客入侵，成千上万的个人资料被盗，发动入侵的组织称他们从司法部门那里弄来了 200GB 的数据。FBI 的数据泄漏一事再次强调了安全部门或智囊团信息安全的重要性。如果员工的个人或职业信息被泄漏，那么员工的士气和对公司的信任将遭到毁灭性的打击，公司运行、公共形象和信誉也将受到严重的损害。

监管和监督

关于监管的最后一个思考就是，究竟它是不是监督的有效形式？密切的监管能不能阻止偷盗行为？弗里斯（Viries）和格尔德（Gelder）的调查发现，个体的性格差异比起监管更能预测职场中的不良行为，前者有效率占34%，后者只占10%。此外，道德文化（15%）比监管更能有效预防不良行为。这项调查表明，监管有一定作用，但是作用不那么大，而它造成的消极后果也无法抵消。

其实，可以用其他系统和流程来取代无孔不入、令人窒息的监管，以起到减少风险和预防员工的不良行为的效果。监管是一个封闭的操作，相比之下，监督的侵略性较小，在处理潜在的问题方面，它的结构也更灵活（详见下表）。

	监督	监管
特征	主动的	被动的（反应性的）
目的	提供灵活的结构，在问题出现时能灵活调整，找到问题的根源，并尽可能避免它们发生	无论行为好坏，在表现出来的时候，对它们记录和观察
结构	汇报结构、责任制，管理层用来发现潜在和已有的问题，并从个人或现实角度出发解决它们	监管系统记录和储存员工的一举一动，对事件和数据做出反应
职责	不同的人或小组负责系统的运行，每个员工都是系统中的一分子	技术员和科技产品负责监视和记录所有人或个别小组的数据
文化	所有人都是系统中的主体，有着清晰的角色和责任	员工必须自我约束，"好行为"得到奖励，"坏行为"受到惩罚
框架	有弹性的结构，能够顺势改变	僵硬的结构，教条主义

例　子

1. 监督。企业里的监督更像是警惕的、仔细的和有见地的观察。它可能对危险或损失的信号十分警惕，同时，它使每个人对潜在问题都积极上心，在问题恶化到难以处理前主动解决它们。比如，一家大型企业的董事会应该确保领导层采取适当但不过分的冒险措施，并且设立战略目标。他们不会直接介入日常事务，也会不事事叮嘱，但是他们观察和引导，且不进行监管和控制。

2. 监管。监管系统的一个例子就是公司收集和保存所有员工的电子邮件。除了监管、收集和储存员工间的通信，没有其他什么明确目的，这些数据可能被公司使用、阅读或分析，也可能不会。

结　论

监管不一定能有效地提高生产力。但这并不是说监管不能用，而是说要小心处理从员工那里收集来的数据，想想这些数据收集来的用途，以及出事了怎么办。

监管会导致员工的自主力下降和猜疑。收集和储存敏感的

数据会给公司带来巨大的风险。监管对减少员工的不良行为作
用不大,对促进生产力、独立性、自主能力或整体工作效率也
几乎没什么作用。每个人和企业要极其小心地处理收集和保护
监管得来的数据。假设监管得来的数据被偷盗和泄漏,那么,
为了一点利益,付出这么大的代价值得吗?

选择七
谷歌风格的工作环境可以让员工更有创造力吗？

公司将始终从向员工提供福利和奖励中受益，当他们的员工值得那些福利和奖励时。

介 绍

谷歌一类的科技公司或创业公司从许多方面改变了职场文化，它们让办公室变得有趣、古怪甚至幼稚。一直以来，他们都在创造办公室文化上不走寻常路，从设计奇怪的面试问题到改变办公室文化的性质。但这样的改变是好是坏呢？除了"有趣"，还有什么原因在这样的趋势后面呢？

雷切尔·芬蔡格（Rachel Feintzeig）在《华尔街日报》发文描述谷歌给办公室环境带来了什么改变，以及这些改变是如何开始成为主流的。虽然枯燥无聊的办公室环境是常态，但是像谷歌这样的硅谷公司会为了抢夺顶尖人才而不断地让办公室环境变得有趣、吸引人。他们提供大型足球场、高尔夫模拟电子游戏以及大屏幕电视，他们还提供免费的最新潮的零食或者是装满零食的冰箱。他们甚至还提供小孩子的游戏设施，比如球球池或游乐场。这些仅仅是好玩的游戏吗？他们能不能打造更好的工作环境，以及培养更好的员工？

打造谷歌式的开放的、新潮的大仓库办公室遭到了批评，批评的其中一条相当直接：开放式的办公室成本更低，因为所占空间更小，建造工费更少，于是才迅速流行开来。但这样的办公室缺点也十分明显，在这样的办公室里，人们更容易被干扰，聊天更多、工作更少、没有隐私，最后工作满意度和效率都低。

《纽约客》的一篇文章对开放式办公室进行了有趣的分析，文章指出开放式办公室让人感觉更好、和同事更亲近，但是也让人注意力下降、工作效率降低，最后，整体表现下滑。

在对开放式办公室的研究调查进行回顾时，霍奇金森（Hodgkinson）等人也发现了同样的问题：这样的办公室造成了工作效率的降低，注意力的下滑以及创新思维的减少。事实上，在噪音和干扰的包围中，整体的生产力是得不到提高的。

关于办公室里的游乐场

另一个考量的因素就是办公室环境，以及办公室文化是否与公司氛围契合。我们和位于伦敦中心的跨国公司的员工聊过，他们有些人喜欢乒乓球和球球池，而当这些娱乐性质的东西在办公室里出现，这种"办公室里的游乐场"文化所带来的好处对于雇主来说竟有一丝居高临下的意味。让工作变得有乐趣、更健康和更吸引人是一回事，但令人意外的是，有些雇主用来吸引年轻人的方式带有一丝屈尊降贵迎合他们的意思。

的确，有些公司提供的福利真的改善了员工的健康，比如驻办公室医师、精神健康的支持、养生和健身器材、健康食物、母婴福利和弹性时间表。那么，和给人们带来身体健康、精神健康的福利相比，或者说，和能真正提升生产力的福利相比，开放式办公室里的游乐场有什么优势呢？

调查中，有些更"尖刻"的员工认为，这些幼稚化的福利是一种诡计，为的是把员工绑在办公室工作更长的时间。

这到底是不是用来绑住员工的"诡计"？

假设，像斯图尔特（Stewart）描述的那般，办公室里备好了美食、咖啡机、游戏机和各种有趣的活动，员工为什么要离开呢？"尖刻"人士指出，就算这些东西降低了生产力，但它们同时也把员工留在了办公室。如果办公室给你提供了你想要的一切，留在办公室里就等于得到了奖励，你为什么要走呢？

关于面试中的"神问题"

在创新科技公司圈里，越来越流行"在招人的过程中发挥创意"。有时候，切题和有重点的重要问题会被一些"神问题"代替，这些"神问题"为的是测试人们在无准备或在意料之外的环境下的反应。有些公司竞相抛出这种"神问题"，可能是希望得到"神回复"，并乐此不疲。可惜的是，这些面试问题总是可笑和无意义的，因为它们根本无法测试出应聘者与工作相关的真实能力和技能。有人也许会辩解说，奇怪和不同寻常的问题才能测试出应聘者的创新能力啊。可这些问题似乎更适合出现在"疯帽子（Mad Hatter）"的茶点派对上而不是在新兴企业或跨国公司的职业面试中。

常规的面试问题无非是你从哪里毕业，在过去的经历中有什么收获，对这份工作的期望是什么，你能给公司带来什么？这些问题看起来很无聊，于是，那来点不一样的"神问题"吧？以下这些问题也许十分荒谬，但是确实曾出现在面试过程中。

·如果你是颗果冻豆,你想成为什么颜色的?

·创新能力的气味如何?

谷歌让这样的面试问题流行开来,他们抛出过这样的问题,比如:"美国有多少个加油站?""用多少高尔夫球能塞满一辆典型的美国校车?""为什么井盖是圆的?"

不同常规的问题就是为了测试一件事:人们会怎么应对它们?据说,这是用来测试求职者的创新能力和应对意料之外的情况的能力。然而,还有更多、更好、更相关的问题能够测试出求职者的能力。这些不走寻常路的问题在呼叫中心或者技术支持热线部门也许更为有用,但是如果问题和工作不相关,又怎么能测试出求职者的工作能力?如果你给求职者的问题是"你在撒哈拉沙漠中迷路了,身上只有银质拆信刀、四打柠檬和一瓶杜松子酒,这种情况下,你希望有一头骆驼还是游隼",求职者给出的回答很可能和日常工作无关。

雇主们,尤其是科技部门的雇主,似乎总是能找到各种新

方法来测试求职者的创新能力，以及给求职者带来难堪。这些
问题根本不可能帮招聘者了解到求职者是否具备应对工作所需
的资格和能力、是否能找到相关文档、是否对早会有贡献，或
者是否能处理客户服务及客户关系。

古怪的问题展现的更多的可能是招聘者的性格缺陷，而不
是带来求职者的答案。

这些问题在本质上和谷歌风格办公室环境中的不寻常元
素是一样的。它们的本意是想"不那么正经的"，或者是创新的，
至少是不同的，但没有一个明确的目标。傻气的问题和开放
式的办公环境一样值得批评。它们是想带来点乐子还是希望
达到别的目的？要替它们辩护，就要拿出证据，证明它们确
实有好处。

抛弃这些古怪的面试问题吧，牢记下面 3 条法则：

1. 保持问题和面试大纲的一致性。面试问题应该与工作的

核心竞争力和需求紧密相关。除非工作是要你把校车中塞满高尔夫球,否则"用多少高尔夫球能塞满一辆典型的美国校车"这样的问题就既不相关也不实用。问题要切中要点,询问工作技能、相关知识和行为。

2.确保所有的面试官在同一大纲下进行招聘,所获得的信息也需保持一致。这和第一点紧密相关,如果多人进行招聘工作,那么他们的评价体系和打分标准就必须保持一致。不同的面试官对合格的应聘者的标准是不一样的,有些人的标准甚至是有点奇怪的。有些人不喜欢红头发,有些人对性别或民族有偏好,有些人和与自己有相同运动爱好或者政治倾向的人相处更融洽……而这些都和真正的工作表现没有关系。所以,如果有多个面试官一起招聘,每个面试官应该根据同一套标准做出相似的判断。

3.建立"进"和"出"的标准。找出符合"进"和"出"的条件。有些人在面试中表现得很好,看起来很有创造力或积极性,但他们可能用展示魅力或虚张声势的手法把缺点隐藏了起来。一定要注意像自恋和操控狂这样的人。建立择优标准的同时也列出不可接受的"坏"行为。留心求职者是否对某些问题顾左右而言他，是否抢面试官的话，或者对自己的成就夸夸其谈。观察他们的履历内容是否和面试内容一致。他们的行为是"好"还是"坏"？

文化要和福利一致

我们有必要将公司文化和福利进行一番对比。如果公司里的玩具设施和"游乐场"是肤浅和平淡无奇的，那么这样的福利和公司文化就是不一致的。公司介不介意员工把一小时的午餐时间放在"游乐场"上，或者行政会不会来找他们要咖啡的钱，这些都是员工很关心的问题。

创新科技公司给员工提供的福利似乎和传统办公室格格不入，或者看起来很傻气，但是也有公司在这方面做得很好，比如探险旅游公司 G Adventure，它将旅游当作福利提供给员工。

如果员工觉得公司的福利有价值,最后公司也能从中获益。人力资源的所有工作,包括选人、面试、制订政策和设立福利都要契合公司的文化。但是,我们也要注意人力资源部和公司效率不高的情况。有些成功的企业总做一些傻事,有些公司拿着大把钱变着法子烧钱。在急着跟随办公室新潮流的同时,不妨仔细看看想跟随的方法为什么成功。

结 论

办公室、办公室文化和人力资源工作都在改善。对于大多数人来说,工作在慢慢变好,在帮人们变得更快乐、更积极和更有效率,但不是每个新点子都一定是好点子。

模仿某些成功企业的做法不一定保证带来同样的成功。好玩、新颖和有趣的做法只适合某些特定的公司,不一定适用于全部公司。我们要辩证地看待人力资源的工作,用实证而不是"传说"去选择最好的做法。

选择八
静观是"百灵草"吗?

静观并不是新时代的愚蠢把戏,但它也不是神奇的魔法。

介　绍

什么不是静观?

在介绍什么是静观之前,我们先来看看什么不是静观,这比较符合本文题意。我们先来解决大家对静观的迷思和先入为主的固定思维,然后再认真、清楚地讨论这个话题。

静观和新时代的神秘主义或伪科学没有什么关系。没有水晶球,也不诵经,和蔬菜汁排毒无关,不需要坐在豆袋上,也无须一边手牵手围成圈一边听恩雅（爱尔兰女歌手）的歌。这些活动可能使用"静观"或者结合"静观"的概念来达到自己的目的。和其他仪式活动结合后，静观的效果被有效发挥，当然也可能没有。无论如何，静观是一个精神活动，是独立的一个概念。

什么是静观？

柯妮可娃（Konnikova）就如何练习静观给出了有趣又形象的人物化例子。他是英国文学中大家十分熟悉的人物，和佛教徒或瑜伽隐士都大为不同。这个人物是一个严谨又善于思考的侦探，精于分析和冥想。他让自己的大脑冷静下来，只注意身边的环境，察觉正在发生的一切以及自己的思考过程。这个文学人物形象就是夏洛克·福尔摩斯。

静观是一个安静的自我分离的过程，在这个过程中，我们是一个冷漠的观察者，观察周遭的环境和自己的情绪。在练习静观时，我们不再对情绪、思想和冲动做出反应，而是静静观察脑中思绪的来来去去和高涨低落。我们不是在沉思，因为沉思是过度地沉浸在某个念头上，会给我们带来压力并扩大焦虑；我们只是观察，承认思绪的存在，就好像它不是发生在我们身上的一样，我们也不会沉浸其中。的确，有科学研究发现，沉思增加压力和焦虑，而静观则减少压力。

静观起作用的时候

静观带来的最大的实际好处就是，它能帮助减少工作中的压力。在一份涵盖了 39 篇论文的分析论文中，霍夫曼（Hoffman）和同事发现，静观能帮助人们减少压力和提升心理健康。这是因为静观练习可以帮助人们冷静和有效地处理情绪。

静观在工作中的另一个好处是，它能提高专注力，帮助人们无视干扰。也就是说，和没有练习静观的员工相比，练习静观的员工更专注于工作，最后工作表现也更好。

大量研究表明，静观训练能提高创造力，或是提高研究人员口中的"认知灵活性"。静观训练能帮助发展大脑灵活性，摆脱僵化思维，最后能够开放地对待新信息或用新方法解决问题。

静观训练能带来直接、间接的好处。静观训练减轻了压力，加强了情绪控制力，睡眠质量随之好转，血压下降、精力提升、免疫力系统增强。员工的健康状况得到改善，工作表现和生产力也将随之改善。

静观不起作用的时候

有关静观的研究发现，静观能有效降低压力、提高注意力和减少不良行为。但我们要注意的是，虽然静观能够给身体和工作带来好处，但它应该被当作一个有用的补充品而不是替代品。比如，虽然静观被证实能够帮助患有慢性疼痛的病人减轻痛楚，但结论是，静观是医学治疗的补充而非替代。

对静观也有批评之声。在大部分的发现积极作用的静观研究中，静观训练项目都是经过仔细计划和实施的。然而，像任何一门治疗课程，静观必须仔细操作才能达到理想效果。阅读流行杂志上面的小文章，然后冥想几分钟，这是不可能有好的效果的。想要静观练习有效，我们就必须认真学习和练习，而且往往要在导师或老师的指导下进行。

对静观的另一个批评是它有潜在的意料之外的消极后果。大家不要先入为主地认为，挖掘自己的思想和情感总是轻松或愉快的。有时候，察觉自己的思想、情感和经历会让人胡思乱想。比如，当一个人在压力之下，练习静观的方法不对或者练习时没有得到足够的指导，那么结果很可能是压力变得更大。就像心理学和医学一样，静观训练应该在合格的和有能力的练习者、顾问或者专家的指导下进行。

一个癌症患者在接受医学治疗的过程中，静观训练也许会帮助他减轻治疗过程中的痛楚或焦虑，但是对癌症的治疗毫无帮助。静观无法代替常规的医学治疗或是人力资源培训，它是其他方法的有用补充，在职场也是如此。如果在职场遭遇霸凌或骚扰，静观只能起到减少当事人的压力以及帮助他们找到压力的来源，但对于真正解决问题无济于事。

总　结

静观是一件好用的工具，能够帮助大家减少压力和焦虑，并提高专注力和生产力。静观并不是新时代的愚蠢把戏，它有用并有效，但它也不是神奇的"百灵草"。静观无法替代人力资源的培训，但是我们可以认真地考虑将它用于提升生产力和抗受挫力。

另外，我们要牢记，静观不是对每个人都适用。它可能无法帮到每个人，但能帮助其中一些人摆脱烦恼和消极情绪。和其他有效的抗职场干扰的方法一样，静观练习应该在正确的指导和支持下进行。

选择九
神经科学是职场问题的"万金油"？

　　要小心地将有根据的科学想法和那些没根据、未被证实或者愚蠢的论调区分开来。

介　绍

　　神经科学是针对大脑和身体的整体神经系统的研究，但它经常被用来单独指对大脑的研究。身体的运作过程、想法、情绪和行为举止都受控于大脑。神经科学在 20 世纪后期蓬勃发展，并在今天一直发展迅速。

　　神经科学领域发展飞快，但对于人类大脑的潜能和工作机制还有很多未解之处。然而，有些不择手段和无知的人却不顾研究结果，打着神经科学的旗号来兜售商品。那么，神经科学值得这么炒作吗？它是解决职场难题的"万金油"吗？

警示性的研究：死三文鱼的传说

　　贝内特（Bennett）和同事做了一项研究，用功能性磁振造影（fMRI）来测试一条三文鱼的神经活动，然后发表了一篇"精彩绝伦"的文章。他们将一条死的大西洋三文鱼（长18英寸，重3.8磅）放入功能性磁振造影扫描器中，测试它在进行"开放性脑力任务"时的大脑血流情况。他们把一系列印有人类脸孔的图画展示给三文鱼，让它思考图里的人的情绪。研究人员用不同的校准来观察大脑扫描仪设备，发现三文鱼大脑里的两个小区"对任务产生反应"。经验不足或者幽默感不够的读者可能会给这篇论文下结论：研究人员已经找到了三文鱼大脑中对人类情绪有反应的部位。

　　但是，研究人员也清楚地提出了其他解释："我们能从数据就下结论说三文鱼能够识别人类的情绪吗？当然不能！"最后，他们下结论说，自己的研究发现暴露了测量大脑活动的局限性，并且解释说，他们得出的结果和三文鱼的"任务"没什么关系，不过是噪音和偶然的结果。研究人员建议，在研究过程中要小心使用研究方法；他们也提醒研究人员不要使用过于简单的解释。使用工具不当会形成随机的变量或产生匪夷所思的结果。

这项研究不能说明神经科学是无效的科学，也不能说明用来测量大脑活动的想法没有意义。它传达出来的主要信息是，我们必须谨慎对待操作不当的神经科学研究和经不起推敲的结论。

警示性的例子 1: 苏格兰皇家银行没有读心术

赫芬顿邮报（*The Huffington Post*）在 2017 年的一篇文章中自豪又可疑地宣称"决定大学毕业后做什么工作简直太可怕了"，然后给出了解决方法，那就是"苏格兰皇家银行为这一难题发明了简单直接的方法——'读心术'"。在反驳这一妄论前，我们有必要指出，如果苏格兰皇家银行真的有"读心术"，那么过去 10 年他们的表现会大不相同。

苏格兰皇家银行雇来一家公司，用脑电图仪器来测量大脑表层的脑电波活动。参加者观察一系列共 10 个图片和录像，它们都和某种技能和能力相关。根据大脑电波的活动，仪器好像能够发现参加者最感兴趣的课程（事实上做不到）。马特·沃尔（Matt Wal）是哈默史密斯医院的一名神经科学家，他解释说，用神经影像仪器来处理这种任务并不是正确的方式，而要做到苏格兰皇家银行声称的那样，则要花上数个小时而不是几分钟，而且过程中受到的限制也很多。他还说："以为把脑电图仪器戴在头上就能读出人的思想，这样的想法简直荒唐。"

尽管文章通篇都是胡扯，但是却无意间带出了苏格兰皇家银行此举的真正目的。它的市场部经理说："今年我们公司成了校园招聘会上的焦点，这让我们在忙碌的校园成为中心，我们也因此有机会和很多学生交流，而他们之前可能一般不会考虑在实习或毕业后从事金融工作。"就算脑电图仪器没有效果，它让该银行成功引起求职者的注意，这是它们以往没能做到的。

警示性的例子 2: 驾驶喷气式飞机时的大脑和开保时捷时的大脑是一样的吗?

这里有个更荒唐的例子。2015 年豪车制造商保时捷的广告宣称，驾驶喷气式飞机和飞速驾驶保时捷是一样的体验。

我们不再细究这个例子，因为它对于神经科学的妄论到了荒唐的地步，不值得我们花很多的时间在上面。在广告中，演员驾驶飞机，头上戴着测脑电波的帽子。他的头猛烈转动，一旁的"科学家"解释说这就是演员大脑活动的表现。这里最大的破绽就是，现实中，脑电波的测试要求参加者必须保持头部的绝对静止，眉毛稍稍动一下或者一个微笑都会毁了测试。这条影片展现出来的效果其实就是，把温度计放入微波炉里，来测量微波炉外面的温度（在家千万别这么干）。

要花上几页纸去解释保时捷广告中的具体错误和科学常识错误一点也不难，但我们还是迅速地来看看它在 "神经科学" 营销方面的离谱错误就好了。

找什么？

许多文章一开头都对概念（比如，神经科学或智力等）做了准确的描述，接着巧妙地从对科学的准确描述转入匪夷所思的假设，支撑这些假设的只是一些无关紧要的体验者的观点或者不相关的传闻。比如，一篇文章开头可能会先描述什么是神经科学以及科学家常用来测试大脑活动的工具，比如核磁共振成像仪器，它通过测量血流速度来发现测试中大脑最活跃的区域。然后，这篇文章会无声地（更多时候是不和谐地）开始错误的论述。接着，这样的文章会描述具体的操作方式，比如：

我们和举着告示牌的男子交谈，他站在伦敦大学学院外朝着过路人喊叫。我们想知道这项神经科学研究的实际性影响。

"我觉得政府可能用这种手段来控制我们的大脑，实际上，他们正在这么干，我的心灵感应可以证明这一点。"这名被称为大卫的男子（53岁，无业）这么说道。然后，我们又和一名著名的格鲁（宗教导师，自封的）交谈，他解释说："我觉得最近的研究完全证明了我之前的信念，大脑拥有控制物质的力量，虽然我不能真正明白科学。"

通常此类文章会引用一些不那么可信的事例，然后抛出诱饵或者轰动性的营销言论。

请大家警惕这类把科学概念和毫无根据的言论结合的事例。

总　结

神经科学是充满力量并且发展迅速的一门科学，具有无限潜能，但是也是相对年轻的一个领域。这时候，神经科学总是被当作新瓶，装着老酒，在市场上兜售。

选择十
新兴企业需要不同风格的领导力才能成功？

　　　　企业、行业、部门、经济环境都会改变，但是一个
好领导的特征始终如一。

介　绍

　　强悍的领导人具有清晰的视野和执行能力，这对任何一家企业来说都十分重要，对新兴企业来说更是如此。但是，带有攻击性和男性气质的领导风格常常被误认为是力量的代表。不规范、鲁莽的企业文化看起来十分先锋和创新，但实际上杂乱无序。

　　有些人错误地以为，要创新或颠覆，新兴企业就需要让风格不寻常的人来领导。杰弗里·赫尔（Jeffrey Hull）在《哈

佛商业评论》中就人们对新兴企业领导力的错误认识进行了描写。赫尔将此种领导力称之为"空想创业家"。他们采用的是学生战略，总是工作到三更半夜，在最后一刻钟把事情干完。他们描绘伟大的愿景，在工作中以身作则，和工作伙伴们发展亲密无间的私人关系。

当然，创业家和资深领导人有着不同的特征。创业家往往事无巨细地打理自己企业的事务，而资深领导人则更具战略性，把具体事务分派下去。两者都需要长远的目光。

也许有人会说，攻击性、无序性、不正式以及野蛮一点都没有什么，只要他们能带领公司走向成功。但是，正如丹·莱昂斯（Dan Lyons）在《纽约时报》上的关于新兴科技公司的领导人的文章中所说的："真正的问题不是他们的野蛮，而是他们野蛮但又不知道怎么管理公司。"

他们的这种领导风格可能会（也可能不会）帮助小企业或者新兴企业在早期阶段的发展。但随着企业的壮大，企业不可能一直保持这种文化、和每个员工亲密无间以及全凭感觉的领导风格。赫尔解释道，许多新兴企业在早期发展阶段的员工离职率几乎为零，但是随着公司发展，第三年的离职率飙升到 40%。

随着企业壮大和利润上升，离职率也升高，员工数量增多，分工也更多，这时候领导风格需要与时俱进，适应企业发展的需要。有时候，亲密无间的小团队的友爱和非正式的关系对小型新兴企业有帮助，但是它最后也能变成有害和破坏性强的文化。接下来，我们就来看看最近冒头的"兄弟文化"。

兄弟文化

兄弟文化成了职场的一个问题，这几年在新兴企业和科技公司中愈来愈突出。不知怎的，年轻一些的创业家努力要恢复所谓的"老男孩俱乐部"文化，并想把它和联谊会文化结合起来。这样的文化充满了攻击性和冲动性，到处都有虚张声势的影子，但是不见得和实际情况有多大关系。这种文化的本质是虚高的股票价格和充满野心的商业决策，但这些决策更多的是建立在个人性格特点和炫耀的本性上，而不是一个理性或负责任的过程。

这种文化里的领导往往是不成熟和轻率的。在这样的领导下，企业以短期利益为目标，盲目地扩张，不考虑长远利益，对于规章制度、良好的商业操作、对员工（尤其是非"老男孩俱乐部"的成员）的影响也不怎么在意。

兄弟文化的另一个特征是"厌女"，并公开或暗中排挤那些不符合随心所欲、爱拍胸脯保证和鲁莽男性气概类型的人。莱昂斯指出，在这种文化中，"女性也会被雇用，但是几乎没有升迁机会，有时还会被骚扰。少数人群或年纪更大的职员被排挤在外"。

公司的文化和可接受的行为都是由领导层决定的。当领导层的态度是公司运营以自娱自乐为主，那这样的态度会迅速地自上而下传遍整个公司。这样的公司往往存在一些严重的不道德行为，比如厌女倾向和性骚扰。

这样的文化中，很可能会发生自己人相互保护，串谋不道德行为的问题。如果任何组织或公司发展或推行这样的文化，将后患无穷。

科技行业的例子

兄弟文化在硅谷科技公司中层出不穷。这个行业到处是虚高的估值、傲慢的市场营销策略以及对项目的巨额投资，这些项目中的绝大多数最后都无法成功。并不是每个新兴科技企业都是如此，但是这个行业确实充斥着巨额投资流向无结果的项目的现象。

拿 Quirky 公司为例。Quirky 公司是一个把创意变成现实的平台，由本·考夫曼（Ben Kaufman）在 2009 年创立，曾融资高达 1.85 亿美元，但是这钱很快就被花光了，最终公司走向破产。而这一切都是因为公司内部的根本问题以及不正确的领导力文化。

优步（Uber）也被报道出领导力文化存在问题。《纽约时报》和 Vox（美国媒体）等媒体就曾报道过优步公司发生的性骚扰问题。优步的前员工，工程师苏珊·福勒（Susan Fowler）写道，她遭遇了性骚扰，但是管理层对她的投诉不予理睬，并告知她，对方是公司的得力员工，他们不方便惩罚他。接连几次投诉后，福勒得到的答复是，她的投诉本身成了公司的一个麻烦，而她投诉的性骚扰行为反而不是麻烦。

在不能忽视骚扰问题带给受害人的影响的同时，我们还必须看到它的严重性。如果企业文化充斥着歧视、骚扰、冲动的决策以及虚张声势，对企业自身来说百害而无一利。有些企业已经开始着手整治老化、陈旧及反生产力的企业文化了，那样的文化和管理方式对生产力不利，影响利润并不断挑战底线。

怎么处理兄弟文化

《卫报》携手普华永道会计师事务所给新兴科技企业提供了处理兄弟文化的几个点子。这些建议适用于所有的新兴企业和公司。

1. 向诚实的人寻求诚实的反馈。放开心态,听取正面和负面的反馈,不要反驳他们。寻求诚实的反馈,并接纳它们。

2. 从制度上对骚扰零容忍。骚扰或性骚扰在职场上必须没有藏身之处。必须有一条政策确保对性骚扰的零容忍,并行之有效。

3. 询问离职员工的想法。找到已离开公司的员工,了解他们离开公司的原因以及当时在职时公司的状态。向他们寻求诚实的答案,接受答案。如果有必要,请给他们的时间和诚实支付酬劳。

4. 雇用一个人力资源专家或者团队。新兴企业或小公司总是不肯在人力资源部门上花钱。小企业的创业家、领导者或其他人可能都很不错，但是随着企业壮大，他们没办法取代人力资源的专业人士。

5. 领导人和企业一起成长。随着企业壮大，领导人也要成长。创业时期最棒的人选可能无法适合壮大后的公司，他们需要成长。如果有必要，要雇用合适的人来满足企业发展壮大的需要。

好领导人的特征

企业、行业、部门、经济环境都会改变，但是一个好领导的特征始终如一。除了聪明才智、动力和能力，一个好的领导人具备 6 个基本特征。

1. 自律性。自律性指的是用来达到有计划的长远目标的驱动力。高度的自律性意味着周密的计划、有方向的行为和纪律。没有高度的纪律性就没有战略性思考。严谨自律性低的领导人的公司完全在战略的控制下，他们可能总是在最后一刻赢得胜利，能把握各种机会，也能在摸不着头脑的情况下做出决定。高度严谨自律的领导人是内在驱动的，而严谨自律性不高的领导人则是外在驱动的，被身边的人或环境影响。

2. 适应性。这里指的是对压力的反应能力。能够应对高压是领导人的重要特征，但是它也是相对于组织的需求以及环境而言的。要求越高、压力越大、环境越恶劣，要求的适应性越强。领导人必须能担起责任，能作为承担后果的第一责任人。而这一切都要求领导人能随时保持冷静。战略家必须可以控制自己的情绪，把注意力集中在公司的价值和战略上。适应性强的领导人抗压性一般也很强，适应性弱的领导人在工作中更容易被困难影响。

3. 好奇心。好奇心对战略至关重要，因为对学习的渴望以及对知识的探索是战略的基础。好的战略建立在对公司、员工以及公司外部情况的深刻了解之上。不停地学习有助于自上而下做出决策，帮助发现有成功潜质的策略并帮助做出明智的选择。如果没有好奇心，那么很难对公司或有关问题有战略性的了解。好奇心强的领导人喜欢新方法和新点子，而好奇心弱的领导人比较墨守成规。

4. 冒险的意愿。领导人作为战略家必须有勇气去解释战略为什么重要，即使遭到反对。他们必须有勇气坚持并传达自己的价值观。愿意冒险的领导者在处理问题时更积极主动，而不太愿意冒险的领导人则会倾向于直觉性和反应性的措施。

5. 模糊容忍度。接受模糊是人们处理不确定和复杂情况的一种方式。简单化的解决方法十分吸引人但也最无效。不能够忍受模糊的人往往不会寻求更多的信息，即使是面对相互冲突的两种意见。领导人必须要能够聆听非主流的或者是反对意见，对模糊容忍度很低的领导人对变化和复杂情况的容忍度也很低。但是，好的策略离不开对复杂情况的了解。简单、直接或不明了的方法往往被不明智的领导人所采纳。那些具有较高模糊性接受度的人会在复杂的环境中表现优异，而那些具有较低模糊性接受度的人则偏向于一刀切的答案和稳定的工作环境。

6. 好胜心。好胜心是有用的，但要适度。有着适度和灵活好胜心的领导更能将成功的欲望转化成为现实的目标。好胜心太强的领导人渴望自己成为组织最成功的人，而好胜心不强的领导人则难以专注于战略性优势和把握机会，从而会频繁地采取合作性策略。

结　论

各行各业的好领导都有着相似的特征，尽管科技行业和经济形势瞬息万变，企业仍然需要强大、稳定和有远见的领导人作为企业文化的表率。在某些领域，比如新兴企业，有些领导人看似是以风格获得了成功，但是，如果没有实质内容、有效的商业策划和领导团队的能力，企业很有可能走向灾难。

选择十一
在职场中是否需要保持高自尊心？

自尊心的重要性以及它对工作表现的影响是存在的，但是它们往往被夸大。

介　绍

自尊心是对自我能力的信心或认同。自尊心强往往被认为是好的，是职场中的利器。对于经理们、人力资源部门，以及其他从事与人打交道的行业的人来说，自尊心是一个重要的话题。自尊心很大程度上影响了同事间的相处、处理工作时的信心，以及工作中的自我展现。

的确，在职场上，自尊心低会带来不少麻烦。自尊心不高的人往往更谨慎、更自觉，社交退缩，不愿意冒险，而且人际关系不顺。自尊心非常低的人因为感到极度难堪而不能发挥自己的才能和天赋。谨慎、退缩和自省都和社交或人际关系问题挂钩。因为缺乏自信,人们会花很多时间自己质疑自己的工作质量,担心其他同事的看法,工作效率不高。自尊心低和各种各样的问题都有联系,这些问题包括了领导能力不足、工作失误、人际矛盾、求职困难,以及难以保持工作水准。

对自尊心低的研究自然而然导向了对自尊心高的研究。提高每个人的自尊心,从儿童到青少年再到成年人,能够帮助减少以上问题的发生。然而,有些人也认为,有很多问题是因为自尊心过高而导致的。

过度强调自尊心

"只要你下了决心,没有什么是办不到的。"这句话随处都可听见。学校里的孩子被鼓励,只要学习足够努力,意志足够坚定,没有什么事情是做不到的。励志演讲师们也被请来激励员工，员工们要更努力地工作，更有效率，竭尽所能。

这种过度强调自尊心的行为催生了一系列增强自信的培训活动、教育和项目。"相信自己，你就会成功。"于是，有些人认为，只要足够自信就能赢过他人。对于他们来说，自负和气势在一开始也确实能奏效。人们总是容易被他人的自负和自夸所打动，那些人声称自己能够解决世界级的难题或取得前无古人的成就。宏大的承诺和魅力有时是有用的，尤其是在商业中，但有时也可能迅速导致失败。

有人批评这种行为。它最早在学校开展，典型的例子就是，在一个比赛中，无论参赛表现如何，每个孩子都能得到一个"参与奖"。这里传达出来的信息并不适用于职场。不是每个人只要出现在工作场所就能得到相同的回报。工作是淘汰制和奖励制的，你不会因为觉得自己表现最优就能拿到奖金，你是因为实际表现最优才拿到奖金。

我们很容易发现，我们有时太关注自尊心而更少关注实际表现。但是，我们也不能就此走向另外一个过于注重实际表现的极端，否则，职场里的希望和梦想就会被摧毁，大家都会变得顺从和紧张兮兮。

自尊心过强和自恋

不断膨胀的自尊心带来的最大的风险是，当它到了一定程度，不免变成傲慢、自负和盲目的自我满足，这在职场百害而无一利。

在《自信》一书中，托马斯·查莫洛 - 普雷谬齐克（Tomas Chamorro-Premuzic）描述了自尊心如何被当作了生活和工作中成功的关键因素。许多人觉得不够自信阻碍了他们的发展，羡慕那些更自信更坚定的人。

然而《自信》认为，太多自信会让人变得不那么讨喜、更难就业、长期发展更不易成功。相反，不够自信有好的一面：

谦虚、中庸、自觉和不做作。而这些是工作和生活中十分吸引
人的品质。有能力但自尊心较低的员工往往给的承诺不高却能
超额完成，那些自尊心较高的员工更易夸大承诺而完成率不高，
尤其是在他们的自信高于能力的时候。

同样，我们要区分不健康的自恋和适宜的高自尊。前者是
自我迷恋和虚荣，后者是真诚的。如果一个人能力惊人，一路
做出骄人的成绩，那么自尊心强是健康的。

自恋者的自尊心长期过强，他们的问题在于极其依赖他人
对自己的评价、依赖他人肯定自己的价值。他们很脆弱，因为
他们过度依赖他人的肯定和表扬。如果他们在职场未获得表扬，
就容易情绪化或失控，在很多情况下这反而是一种低自尊的表
现，这也是他们这么依赖同事来维持自己刻意的自信的原因。

准确地自我评价

本文的关键论点在于，我们需要用接受和现实的态度来准确地评价自己的能力。要做到自我接受就要为自己的行为承担责任。因此，真实和真正的自尊心同外在的或虚假的自尊心是有区别的。前者是内在的、在自我控制之中的，后者是受控于他人的，容易失去和被影响。

人们要意识到自己在工作中的能力要和自尊心水平保持一致。与其夸大自尊，我们不如专注于工作中实际的自信心水平。不要抬高能力不足的员工的自尊心，这会导致他们走向失败。我们可以说服他人，他们是天生的游泳健将，只要下定决心，就能赢过奥运冠军。但是如果他们只是不断提高自信却不学会游泳，那么他们会被淹死。

达人竞赛常常用这个问题来逗观众一乐或令他们崩溃。如果你相信自己而且意志足够坚定，就能赢吗？不，你得是个达人才行。

失败的好处

比起失败或成功的可能性，我们愿意冒多少险总是和自尊更相关。在自尊心发展的过程中，学会失败比成功更重要。

在生活和事业发展的过程中，每个人都会在不同时期犯错、失败，其后果和影响千差万别。面对错误时，最成功和高效的员工有能力处理错误并从中吸取经验教训。

有很多理由来证明我们为什么要重视失败。第一，它帮助我们理解。失败清晰地暴露了我们没有做到的地方。第二，失败令我们难以忘记，如果我们意识到失败的起因，我们就不会再犯错，并能在有监督的环境中将其反映出来。第三，失败提醒着我们，要三思而后行、要专注、要全身心投入。这有助于我们集中精力、发现问题以及找到解决问题的方法。

不管自尊心水平如何，我们要学会如何处理失败。能力强的成功人士也会犯错，但是他们不会让同样的错误发生第二次，还会在将来预防此类问题的发生。他们有能力避免将来会发生的问题。能力不高的员工则更容易犯同样的错误，因为他们没有承担自己的那部分责任，也不明白为什么会发生这么糟糕的事情。

自尊心过强会阻碍人们对失败的学习，过于自信的人更难承担失败的责任。他们的自尊心可能过于膨胀以至于根本想不到会有如此问题发生，因此，他们会将错误归于他人或者外界因素，而不会反思自己做错的地方。

自尊心低的人也难以从失败中学到什么。他们可能没有信心去挑战一次，或者太害怕失败，又或者他们担心得太多，害怕别人对他们的错误评头论足，不能够在失败后快速振作起来，于是无法从困难中学习和进入下一个阶段。

自尊心的重要性以及它对工作表现的影响是存在的，但是它们往往被夸大。

结　论

如果自尊心和能力匹配，它就是健康的，是职场中的财富，带来生产力。尽管自尊心有用，但自尊心过强会引起人际冲突并给工作带来一些麻烦。和普遍的看法相左的是，自尊心低不是个问题。

获得成功的人往往是那些自觉性高和不妄自菲薄的人。矛盾的是，如果能力跟不上而一味地增强自尊心，这种做法是不明智和不健康的。

选择十二
我们只用了 10% 的大脑在工作上?

并不是说人类的大脑还有尚未开发的潜能,事实上,大脑的每一个部分都被用上了,只不过被用作的目的不同,用的时候不同。

介　绍

想象一下,如果每一个人都更努力 10 倍地工作、聪明 10 倍、共情 10 倍,分析能力或组织能力都提高 10 倍,会怎样?一直以来,职场上都存在着这样的迷思,即人类只使用了 10% 的大脑,其余都有待开发。

这可以说是职场和流行文化中最荒唐的想法了。科幻电影《超体》以此为剧情线索,讲的是女星斯嘉丽·约翰逊扮演的角色被迫服下药物，唤醒了她本不该使用的另外 90% 的大脑潜能。在这部电影的想象中，唤醒其余的 90% 的大脑潜能可以激发思考、分析和行为的超能力。

职场幻想家们热爱这个想法，认为这是提高工作表现和能力的捷径。心理学家和生理学家觉得这个想法十分可笑，更无法理解为什么这个说法至今还有人相信。

生物学的观点

早在 20 多年前，为了证明"大脑 10% 的使用率"这一说法是荒谬的，西蒙弗雷泽大学的巴里·贝耶斯坦（Barry Beyerstein）做了一次完美的分析，虽然没能扼杀这一说法。这一说法的问题和破绽太多，以至于只用一章的篇幅来讨论完全不够。但是，最强有力的证伪方法是，这个说法从生物学和进化论的角度来看完全行不通。

　　大脑是人体消耗能量最多的器官，占了人体全部能量的
20%。这么强大的器官怎么可能会如此低效，留着 90% 的潜
能不用？事实上，并不是人类的大脑还有尚未开发的潜能，而
是大脑的每一个部分都被用上了，只不过被用作的目的不同，
用的时候不同。

　　有不少生物学的研究否定了大脑只被人类开发了 10% 的
说法，以及提供了大量证据证明大脑已经用上了它所有的潜能。
新陈代谢研究、微观组织分析以及神经疾病的研究都没有证据
能够支撑大脑只被开发了 10% 这一观点，而这一说法最早出
现于"自我提升"的励志圈。

　　大脑成像技术同样显示，即使在睡眠中，大脑也不是完全
静止的。其次，在广泛检查了大脑功能和特殊定位后，没有人
发现存在 90% 的大脑未被使用的情况。

　　另一个能反驳这一说法的论据是，可以想想，如果切除部
分大脑，会发生什么情况。假如真的只有 10% 的大脑被用上，

那么移除 90% 应该没什么大不了。所以,那些狡猾的商人完全夸大了大脑的潜力。

接着,我们从自然选择的角度来说,大自然的宝贵的资源浪费在需要消耗人体能量最多还不能被充分利用的器官上,这怎么也说不过去。

专注力的重要性

事实上,我们的大脑拥有巨大的能力,能够思考、分析和集中注意力,但是这几件事情不能同时进行。想象一下,在工作时,你调动所有感官,与此同时,你思考每一项任务和需要承担的责任。

我们现在试试吧。感受下皮肤的温度,用鼻子深吸一口气,感觉一下闻到了什么。留意身边每一个声音,不管是大是小。回想下早饭都吃了些什么,而一早来上班时第一段对话都说了什么。想一下今天要做什么，下个星期和下个月又要做什么。好好思考你的职业目标，规划你来年的和 10 年后的工作计划。猜一下你的同事在做什么，他们想达成什么目标，和你的职业目标是否相似。

你可以同时做到吗？根本就做不到。大脑的能力之一就是专注于某些细节而屏蔽多余的信息，我们称之为专注力。大脑还有惊人的适应能力，能根据不同类型的信息进行行动的调整，灵活聪明地使用各个肢体，在工作中不断学习和进步。

回到《超体》的例子，假设你的老板也给你一个药片，强迫你每时每刻都用上百分之百的脑能量，这对你来说绝不是有利的，只会让你崩溃和恐惧：未筛选过的信息会高速向你轰炸，你根本没有办法集中哪怕一点的注意力。想象一下你一边看 CNN（美国有线电视新闻网），一边收听 9 个不同的电台。

工作中的出色表现和才能有赖于对信息的筛选和处理、对具体任务的集中处理，以及对具体信息的个人化处理。

职场上的收获

大脑有大部分未被开发，这听起来十分吸引人。想想如果生产力、业绩和利润能提高 10 倍该多好。不幸的是，这只是幻想，没有事实依据。

心理学家从神经科学研究发现的真相是，人们确实可以进步。学习和发展确实会影响大脑，但是影响微妙且是需要一步步积累的。如果你想提高在工作中的表现，你要做的可比"吃一个药片"难得多。就像运动员训练身体和发展技能一样，大量的练习能够提升成绩。大脑就像身体一样，能量可以被提升，但是这并不意味着大脑是等待被填满的虚空之地。

作为大脑最重要的功能之一的记忆就是个好例子。大脑里没有秘密储存器，只有获得信息、习得技能和学习专业知识的能力，它们需要通过努力付出、不断阅读和训练才能被提升。

结　论

很有可能，早期的研究预测科学家只了解大脑的 10%，结果被人解读成我们只用了大脑 10% 的潜能。一个漂亮且没人使用过的卧室可供居住，简直是一个棒得不行的想法，那些承诺能 10 倍提高成绩的"流行心理学家"对它爱不释手。虽然在科幻领域中它是一个不错的比喻，但这只能发生在科幻中而非科学中。

选择十三
可持续发展对企业来说是一个负担？

如果企业足够聪明，它们就会选择和实施环保的政策来实现业绩，并把那些将气候变化和相关政策抛在脑后的人甩在后头。

介　绍

对大多数企业来说，环境政策和措施虽然让它们变得对环境友好，但这也是一个负担和成本所在。在科学界，气候变化已经是毫无争议的话题了，它在政治圈引起的争议甚至比在科学界的还要大。

作为一个备受尊敬的研究和政策制定组织，经济合作与发展组织（OECD）认为，环境政策对经济体有着直接的影响，并且"它们的影响跨过直接相关组织，阻碍了生产力的发展，就像其他市场政策一样"。然而，事情没有那么简单，即使是永远将自由市场和经济发展摆在重中之重位置的组织也认为，"环境政策带来的负担和它们的严格程度无关，这说明宏大的环保目标可以用不阻碍竞争发展的方式达成"。换句话说，可持续发展或者环境政策可能会但不是必然会成为企业的难题。

不管理想如何，问题是：可持续发展政策和法规对工作环境的利弊是怎样的?

对人和盈利的影响

消退的冰川、上升的海平面、海洋酸化以及日渐严重的气候问题，让我们先将它们放在一边，讨论一下全球气候变化对企业有什么影响。

德尔马斯（Delmas）和佩科维奇（Pekovic）发现主动采

取环保政策的企业，其员工的生产率平均比其他人高 16%。德尔马斯和佩科维奇说，他们被这巨大的差别以及环保企业的生产力所震惊。

当然，企业实施环保措施并不是孤立存在的行为，它们通常是良性循环中的一部分，而良性循环则是教育和培训措施的一部分，为的是让员工实施环保政策。改善工作环境和减少企业给环境带来的负面影响往往来自于更大的目标。

更完善的人力资源政策，如果加上更环保的企业措施，就能够将重视工作环境、整体环境以及环境改善的人才吸引过来。自然而然的，如果一个企业被当作是道德标杆和环保的发起人，它就有机会吸引最优秀、最聪明和动机最强的人来为企业做出贡献。

《哈佛商业评论》的一篇研究在调查了世界上 100 多个市值在 2500 万到 50 亿美元的企业后发现，支持环保措施的企业降低了成本、增加了利润以及提高了生产力。杜邦公司（世界排名第二的美国化工公司)就是一个很好的例子。这家企业每年的利润高达 250 亿美金。2000 年,他们决定到 2010 年时将二氧化碳排放量减少 65%。在短短 7 年时间内,这项措施帮他们在能源效率方面节省了 22 亿美元。当然,政策的实施过程千辛万苦,但是效果不仅体现在环保上,也体现在了公司利益上。

本章不会从道德层面来进行论述,我们有说服力更强的企业案例来支撑企业采取环保措施的重要性。

改变一个企业的环保政策需要投入大量的时间、精力和金钱,需要企业里每一个人的付出,就像其他政策一样,涉及人力资源、法律或道德等方方面面。但付出和投入是值得的,因为它能减少成本、提高利润和生产力。

和一些环保运动不一样的是,我们并不是在呼吁计划经济。不是所有的企业都能用最先进的方式来做可持续发展。但是,采用创新环保方式的企业有机会提升竞争力和生产力,就算是之前落后的企业现在也支持可持续发展的政策和商业措施，包括谷歌、微软、脸书、苹果和亚马逊网上购物商城。除此之外，还有不少公司做出更加惊人的举动，甚至连能源巨头埃克森美孚、荷兰皇家壳牌集团，以及煤矿巨头皮博迪能源公司都支持可持续发展政策。如果企业足够聪明，它们就会选择和实施环保政策来实现业绩，并把那些将气候变化和相关政策抛在脑后的人甩在后头。

案例研究　杰克逊家族酒业

办公室里的咖啡机、健身房和餐厅似乎和气候变化没什么关系。但是，每个企业和办公室都需要因地制宜，根据自己独特的情况和条件做出调整。一个有趣的例子就是加利福尼亚的葡萄酒工业，它们诠释了如何让企业变得环保和可持续发展。葡萄酒工业面临着气候变化，同时却雄心勃勃地要应对这种变化，并希望自己发展出长久的耐挫力。

我们采用这个例子是因为它是特定行业里的一个案例，通过这个案例，我们可以清楚地看到他们是如何应对气候变化和实施可持续发展政策的。可这并不是说例子中的可持续发展活动适用于每个行业，每个企业必须依据自身行业的特殊情况去创新和调整策略。"做到 10 条就能保证企业的未来"，这样的清单是不存在的。重要的是，我们要鼓励企业接受和拥抱可持续发展政策。企业带着开放的态度去创新，找出解决方法，运用到不同行业和机会中去。

加州的葡萄酒工业面临的问题是上升的气温。温度上升意味着葡萄成熟的时间提早，新型的害虫也入侵进来。夜晚变得温暖，水流因此变少。葡萄庄园不是典型的办公场所，大部分的工作都在户外完成，所以它的氛围是活跃的，和环境密切相关的，员工的活动和气候变化息息相关。

杰克逊家族酒业想出来一些办法令他们的企业环保，这些方法十分新颖有趣。比如，为了对付暖冬的鸟害但又不伤害环境，他们请来 68 只谷仓猫头鹰来料理这些肆意在葡萄庄园活动的哺乳动物们。每天，猫头鹰训练者放出一只猫头鹰，将那些吃葡萄的小鸟和乌鸦吓走，这样的方法就避免了用杀虫剂带来的负面后果，而且谷仓猫头鹰还不用工资，也不用休产假或给它们制订退休计划。猫头鹰是独居鸟类，所以你也不用应付它们群体性的讨价还价或工会组织。

这里想强调的是，创新没有捷径，解决方法也不是唾手可得的。除了少打印几份文件和关掉空房间的灯，你可以更有创意，但要记住，想出的点子要契合企业的特殊情况及企业和环境之间的关系。当然，说起来容易做起来难，不是每个企业都能用上一队猎鹰或猫头鹰，但是这个例子起码说明了环保的措施是多样的，它们令企业适应气候变化，变得更成功、更能收获长远的利益。

结　论

自然环境的改变和气候变化对各行各业都造成了威胁，这种威胁随着气候变化的严峻而增强。当然，我们也可以将气候变化带来的挑战当作机遇。采用环保措施的企业已经证明了这样做能降低成本，增加生产力和利润。企业采取可持续发展政策应该被视作挑战和机会而不是负担。正如科技和创新大潮涌来之际，只有及时调整策略的企业才能蓬勃发展。如果企业似温水中的青蛙，对环境的改变无动于衷，既不创新也不改变自身所处的商业环境，那么最终会失去竞争力。

选择十四

激励员工最好的方法是涨工资？

金钱是吸引和留住人才最有效的工具，但是，在职场，
激励员工只靠涨工资是远远不够的。

介　绍

人们为钱而活，钱是所有工作的基础。不管是月薪、时薪、
佣金，还是按绩效发的工资，所有工作都有一个共同的回报：
钱。此外，内在的动机、对自主和独立的需求以及任何令人享
受工作的理由虽然占据了为何工作的绝大部分，但无论如何都
抹不去人们为钱工作的事实。

可是，金钱真的能激励到人们吗？会不会对有些人有效，
对另一些人无效呢？金钱究竟能怎样影响人们的动力或工

作表现呢？有些人认为，金钱不是有力的激励方法，正如《福布斯》一篇文章的标题所简明扼要表示的：《金钱不是最好的推动力》。

然而，金钱对职场确有影响。金钱激励能够吸引和留住高端人才，但是一旦得到了金钱，这种激励的效果就减弱了。更重要的是，钱虽然也重要，但是从长远角度来看，它并不是最重要的激励方式。

人们需要自主权和一定程度的独立性而带来的激励。职场上，有许多人因为同事或伙伴的尊敬而工作，也有很多人为了集体的利益和宏愿而工作。这些是钱取代不了的。

关于工资和工作满意度的调查发现，两者之间有一定关联性，但是关联性不大。贾其（Judge）和同事曾做过一项详细的回顾，他们发现工资只占了工作满意度的15%。这足以说明，工资对工作满意度的影响很有限，其他因素才能解释工作满意度的大部分方面。

对金钱的心理学解释是：行为受奖励和钱的影响。比起情绪，行为更容易受到工资的影响，所以奖励能激励人们完成任务。人们会选择加班加点或提高效率，但这并不意味着他们享受工作，或者说对工作满意。

金钱能否起到激励效果的原因

金钱是一个有力的激励方式，但是研究和证据不停地告诉我们，金钱能带来的幸福感在到达某一个点后就停止了。

对于激励人们或使人们满足，金钱在解决或避免困难方面更有效。贫穷总是和不幸福感紧密相关，因为日常生活中总是充斥着各种各样的简单粗暴的问题，而这些问题花上一点钱都能解决。笔记本电脑坏了、出差增加了个人支出、每月支出增加或财政困难出现，此类问题都能给人们的工作和生活带来不小压力，一点钱就能打发这些问题。但是除了解决这样琐碎细微的日常问题，金钱让人们对工作真正满意的力量是有限的。

超过平均收入水平后，金钱就不太能够提升人们的幸福感了，主要原因有以下 4 点：

1. 习惯。当我们在口袋里发现了意料之外的钱，或是拿到了季度奖金，又或是中了彩票，就会有短暂的动力和激情。意外之财会带来短暂的兴奋感和愉悦感，但这和为了把工作做得更好的内在动力是两码事。它可能会改变一个人的日常消费习惯、对薪酬的态度或生活方式，但是它无法对员工起到长期激励的作用。不管给一个人的钱是多还是少，都很容易被习惯，一旦人们对获得的钱习以为常，它的激励作用就消失殆尽了。

2. 比较。多富有才算富？答案令人意想不到：没有人觉得自己是真正的有钱人。有钱人就是比你挣得更多的人。百万富翁觉得亿万富翁是有钱人，亿万富翁觉得寡头和跨国公司的掌控者是有钱人。可不管你挣多少钱，总有人挣得比你多，总有人比你富有。承诺让员工变成有钱人是不靠谱的。钱挣得越多，人们就越会意识到别人比自己更有钱、更有权势、更有影响力。高薪员工的动力不会仅仅来自于钱，尤其是当同事的工资和他差不了多少的时候。

3. 选择。金钱作用有限。当一个人累积的财富越多，并花更多的时间累积财富，就会觉得钱能买到的东西越来越少。假期时间、与朋友和同事的良好关系、工作中的自由和随着收入上涨而增加的责任以及工作职责，都会在个人财富积累的同时，变成更加紧俏的商品。大部分时候，当买不到这些紧俏商品和生活中真正有价值的东西的时候，钱的价值看起来就没那么大了。

4. 担心。财富越多，责任越多。钱只能解决一小部分问题。财富积累离不开怎么存钱、投资、保值以及最大化钱的用途。高薪酬带来焦虑感和压力，人们会担心失去这么丰厚的报酬，或者因为年终红利而倍感压力。自相矛盾的是，钱能帮助解决这些问题，因此，人们会把注意力转移到钱无法解决的其他问题上面去，比如人际关系矛盾、家庭和健康问题，当钱无法解决这类十分重要的问题的时候，人们会感到无助或失控。

绩效薪酬寓言

在绩效薪酬制度下,钱和工作表现或结果息息相关。你生产了多少个零件、卖出了多少东西,又或是部门和整个公司有多少营业额都决定了你的收入。这种体制下,竞争是自然的,因为有限的奖励最终都是落到能力突出者口袋中的。

绩效薪酬制度的弊端之一是,它令人目光短浅。员工的报酬来自于即时的工作表现,季度或月度奖金和某个季度或月份的工作成果挂钩,这样一来,人们容易只关注短期收入,不去想长期结果。

弗莱舍(Fleischer)认为,管理者和员工总体上都是为了公司好。在他看来,忠诚的老员工的工作稳定性、个人承诺和自我形象会同公司绑在一起。但领导者按短期表现给奖励,不考虑老员工的长远利益以及为公司长远发展的忠诚度,这样的思维会导致员工们都为报酬竞争,更多地关注怎么获得更高的薪酬而不是怎么提高工作表现。

绩效薪酬制是当今职场的主流，我们不能认为钱是工作业绩的唯一回报，剩下的就任其发展了。我们要记住绩效薪酬制只能回报和鼓励与之相关的行为，并不能对人们长期的道德和建设性行为起到激励作用。

什么是钱买不到的

正如前面提到的，过了基本线或者全国收入的平均水平后，钱就很难再提升人们的幸福感了。钱的价值有些奇怪，在我们的世界里，人们往往高估了大额财富的价值。那些快速致富的人很快会发现，许多问题、烦恼和麻烦是没有办法用钱解决的。

要明白这点，我们先来看一下针对净资产高达 2500 万美元和以上的群体的一个研究。

当这个群体被问到他们对自己、孩子以及个人世界的心愿是什么时，他们给出的最普遍的答案是：成为一个好父母。这些有钱人给出的答案和钱无关。他们承认，钱在某些方面能有

作用，但是也带来烦恼。他们担心过早拥有财富会让孩子失去
斗志，无法培养他们的独立性。几乎没有人说他们对孩子的希
望是让他们变得有钱。同理，在职场中，钱能解决或减少问题，
但是它并不能解决所有的问题或被认作是最有效的、单一的激
励方法。

尽管收入水平给予了我们更多的选择，但是这些选择并不
必然带来更多的专业技能或者抉择时所需要的或深刻或广阔的
视野。

结　论

超过平均水平后，金钱几乎不能够激励人们或提升他们的
幸福感。金钱是吸引和留住人才很有效的工具，但是在职场，
激励员工只有工资是远远不够的。要加上内在动力，人们才能
享受和投入工作中，从而提高效率。自主、独立和创新都能让
人们变得更高效并对工作更满意。

选择十五
工作时间长的员工比较有价值？

高效的且投入的工作狂是极个别的，而不是普遍的。

介　绍

加班最多的员工就是最优秀的吗？还是说员工应该得到足够的休息，保持健康，并且避免加班和透支呢？

尽管大部分国家都接受了平均每周 30 到 40 小时的 21 世纪工作制，但仍存在工作时间差异很大的情况，甚至同一家公司的员工，工作时间都有巨大差异。在发达国家，韩国的工作时数最高，每年 2124 小时（平均每周 41 个小时），德国是每年 1336 小时（平均每周 26 小时），美国、加拿大和英国居中，分别为每周 32 小时、33 小时和 34 小时。

当然，回顾工作时数的历史，我们会发现，许多国家的人们工作时数比父辈要少，比祖父辈也少。但不是每个国家都这样。在 1870 年，英国工人每周工作 53 个小时，德国工人每周工作 62 个小时。到了 1950 年，英国工人每周工作 41 小时，德国工人工作 46 小时。

这些小时数是对每周工作时数的粗略估计，没有考虑生产力、公会、劳动法、机制或工作种类等因素。这也是为什么我们将它作为本章的介绍，引入我们的话题：工作时间最长的员工最有价值吗？

答案是，要看员工怎么利用这些时间了。对有些人来说，工作就是枯燥单一日子的长年累月的堆叠；而有些人从工作中获得乐趣和意义，他们可以引用诺埃尔·科沃德（Noel Coward）的话："享受生活的唯一方式就是去工作。工作比有趣更有趣。"当然，这得看你的工作内容是什么。假如诺埃尔·科沃德是个矿工或捕鼠人，大概就不会这么说了。

对有些企业和机构来说，出勤文化是主流，员工上班的时间越长，他们的价值就越高。现在，我们用下面这个例子来说明这个想法错得有多离谱。

案例研究　考勤文化

我们访问了伦敦一家大型金融公司的一名员工，在他的要求下，我们隐去他的名字。他很年轻，20 出头，即使扣除额外津贴、奖金和福利后，他挣的也比英国平均工资 26500 英镑要高出许多。

他所在的公司希望员工勤奋工作，将"勤奋"和长时间工作画上等号。把每天 12 小时、每周 5 或 6 天作为公司文化。在这样一种高强度竞争的文化中，工作日成了考勤马拉松。因为长时间工作是规则，员工们拼命地想要赢过别人。

公司通过津贴的形式承认、鼓励和激励员工留在办公室。

如果员工 6 点后还在办公室，他们会得到免费的晚餐，晚餐还是直接送到办公室的。如果员工在办公室待到 8 点以后，他们回家的打车费用可以报销。在加班期间，啤酒、白酒和其他更烈的酒常常会出现在桌子上或是和外卖一起送来。

当然，这些措施会鼓励加班行为，却不能提高工作效率。接受我们采访的那名员工说，他每天用不到 5 个或 6 个小时就能完成工作，但大部分人每周在办公室的时间高达 60 到 80 个小时，而实际上真正有效的时间只有一半。

这样一来，第二天员工上班时，要么宿醉要么疲惫不堪，这得花上他们一两个小时才能缓过来。这一两个小时内，员工只能大脑一片空白地盯着电子邮件，或者不停地刷社交软件或新闻。几个小时后到了午餐时间。午餐后，对着工作就是一阵猛攻，然后进入晚间。而根据制度，在下午 4 点左右，只要拖延 2 个小时就能得到免费的晚餐。在办公桌前结束漫长的晚餐以及一些项目或办公室政治的聊天后，只要稍等一会儿就到了可以免费打车回家的时间了。

这种文化之所以成为常态是因为社会传染。每个人都这么做，所以在这种情况下度日也就再正常不过了，然而这种文化不能提高生产力，也忽视了一个事实，那就是员工待在办公室并不意味着会把工作做完。

长时间工作有用还是没用

长时间工作有没有效果取决于工作的性质。"工作要求 – 资源"这个模型能够相对比较直白地解释这是为什么。这是一个经典的四方格模型，用两个连续谱来解释工作。第一个维度是工作资源，即员工能从工作中获得的心理或者物质资源。第二个维度讲的是工作的要求和压力。

下表显示了不同维度是如何交互产生影响的。

		工作资源	
		高	低
工作要求	高	工作充满挑战性、刺激和回报。创业家、发明家或领导人就是如此。	工作很有挑战性,但是无法完成或者压力爆表,比如,推销垃圾产品的销售员,预算被砍但还想提升产品品质的工作者。
	低	工作很容易完成,但是很无聊或没有成就感。聪明的学生做着琐碎的暑期作业就是如此。	工作简单且完全没有成就感。想一想,让乔治·奥威尔(英国著名作家、评论家)给儿童玩具写产品使用说明。

　　这说明,当工作富有挑战性,而我们有能力处理并且有足够多的资源去圆满完成它们的时候,我们对工作的投入和满意度最高。这就是说,长时间工作可能对有些人奏效,但是个人资源确实限制了人们在实际工作中付出的时间,付出太多就会导致消耗和透支。类似的,毫无挑战和资源简单的工作也是最无聊、最不能让人投入的工作。

　　工作要求涵盖了工作的方方面面,可以是身体或者心理的压力、社交要求和其他必备的技术、能力或知识。工作资源本质上是指工作所能提供的福利和支持，包括了个人成就感、职业发展、满足感、愉悦感、和他人的良好关系以及其他福利。

最好的工作是它们富有挑战性但员工有能力完成它们，这时候长时间工作也可以高效和令人愉悦。员工可以在现实条件中充分发挥自己的才能以及挖掘自己的潜能。最糟糕的工作就是那些要求不高但是也不提供资源让员工去充分发挥自己才能的工作。

疲劳给生产力带来的破坏性和醉酒一样

每个人都有可能因为某个原因在工作时感觉疲累。这个原因可以是为了快乐的周末而牺牲睡眠，可以是深夜难眠，也可以是吵闹的邻居或呼声震天的伴侣。人们有种种工作之外的理由变得疲累，但是工作本身也能引起疲累。

过量工作、压力和紧张都是引起人们失眠的常见因素，工作中还有不少因素能阻止人们获得好睡眠，比如不得不长时间待在办公室，将工作手机摆在枕头边（深夜里响铃或震动）等。就要到来的截止期、工作评估、工作中的冲突以及混乱的工作情况都能引起压力并破坏我们的睡眠。

工作带来的疲惫不堪和困意重重并不一样。最新的研究发现，无论从哪方面来说，疲劳对工作表现都有消极作用。对疲劳和驾驶的研究发现，疲劳驾驶和醉驾一样危险。虽然很难准确地用测量醉酒的方式来测量疲劳，但是它们的后果是一样的：不管在工作中还是驾驶过程中，疲劳会导致生产力的下降。

尽管睡眠和疲劳的程度很难测量，但一些机构已经意识到了好好休息的重要性。在有些公司，疲劳引起的后果可能不大，但在有些地方，后果就会严重得多。美国军队用了 12 年耗资 1800 万美金开发了一个模型，用来测量工作中的疲劳程度。

员工的疲劳是职场的重要话题。有些时候，有些企业和工作种类免不了让人们工作很长时间。碰到旺季、客户需求、危机以及突发情况时，员工有必要加班，这避免不了。但是在没有必要的情况下，员工不应该被鼓励超长时间去工作，因为这会伤害生产力而非促进生产力。

你从工作中获得什么

维多利亚时期的艺术评论家和社会思想家约翰·拉斯金（John Ruskin）是工作的积极支持者。他认为，工作的价值不是你从工作中得到了什么，而是工作成就了你什么（你因为工作而成为什么样的人）。他的观点在今天仍然适用。显然，如果你成了一个乖戾、筋疲力尽、愤世嫉俗而又神经兮兮的人，那么你从工作中得到的一定是十分不如意的。

如果工作超出了员工的能力或潜力，又或是资源不足而令他们苦不堪言，那么超常工作时间会降低生产力、增加病假以及带来其他的一系列问题。相反，延展型任务、挑战和更长的工作日对于投入大、积极性高又有能力的员工则是一个提高经验和业绩的机会。

结　论

为了加班而加班比毫无目的的加班更糟糕。它会带来反作用，让人很难看清谁才是真正有能力和有价值的员工。长时间工作不适合每一个人，但不是说这得禁止长时间工作。有些人从工作中收获很多，享受工作，即使长时间工作也能保持高效率，这样的人当然是十分有价值的，但是，高效的且投入的工作狂是极个别的，而不是普遍的。

选择十六
65 岁是该退休的时候了?

65 岁就退休在现代经济中变得不适用了,因为有很多
不同的选择可以使人们工作得更久,或者更早开始工作。

介 绍

在西方国家,20 世纪绝大多数时期,65 岁就退休是法定
规定,也是一种约定的习俗。在美国,1935 年通过的《社会
保障法》规定 65 岁为退休年龄,要注意的是,当年美国人民
的平均寿命是 58 岁。在英国,虽然没有法定的退休年龄,但
是强制退休年龄与开始领取养老金的年龄一致,都是 65 岁,
到了 2011 年,65 岁强制退休年龄这条规定被废除。

我们要注意的是,有许多不同因素决定了退休年龄,其中

重要的一项是平均寿命。格拉斯哥男性的平均寿命是 73 岁,

东多塞特郡男性的平均寿命是 83 岁,明尼苏达州男性的平均

寿命比密西西比州男性的平均寿命长 5 年,夏威夷女性的平均

寿命比密西西比州女性的平均寿命长 7 年。明尼苏达州和东多

塞特郡的男性工人就分别多出了 5 和 10 年的退休时间。

这究竟是好事还是坏事? 这有赖于你怎么看待这两个地方

的生活了。如果强制退休年龄在 65 岁,有些人一生中工作时

间的比例就会比别人高,而另一些人却要在还健康并愿意继续

工作的时候离开工作岗位。

本章要讨论的不是应不应该延长工作年限,也不是要讨论

40 多年的努力工作、交税和上交养老金够不够令大家享受退

休生活。我们要讨论的是,如果人们在工作中很开心、很健康,

如果他们享受自己的工作并愿意继续工作,为什么这样合格且

有能力的劳动者在不情愿的情况下必须离开工作岗位呢?

健康和退休

关于健康和退休的研究出现了不同的结论。在仔细分析了众多关于两者的长期性研究后，范·德·海德（van der Heide）和他的同事找到了证据证明退休后人们的精神健康有所提升。但是，虽然有研究显示退休对精神和身体健康有着积极的影响，但有另一些研究却得出了相反的结论。

一个研究发现，退休生活的类型、性质和其产生的影响有关。当退休意味着离开充满压力和挑战的工作时，它令人欣喜。如果退休生活超出了人们的控制，它就会带来压力和挑战。有些人享受工作并能在工作中找到意义、获得满足感，对他们来说，退休给他们带来的影响是消极的。

案例研究　退休或不退休

在退休或不退休的讨论中，我们采访了演员和戏剧表演家尼古拉斯·帕森斯(Nicholas Parsons),他是 BBC(英国广播公司)电台 4 的 Just A Minute(一分钟)节目的主持人。尼古拉斯出生于 1923 年,已经工作了 75 年,而且不打算退休。

他很高兴地说起工作让他保持敏锐的头脑、高涨的兴趣以及积极的投入。在 4 号电台的节目中,他要监督参赛者在 1 分钟连续的演讲中不停顿、不重复以及不走题。这即使对于单纯的听众来说,都不是简单的任务,何况还要控场和解释规则。

尼古拉斯·帕森斯说,他根本无法想象退休,因为他热爱工作,工作就是生活的一部分。他提到工作的要求时说:"我所从事的职业是世界上最脆弱、最艰难的。没有人能高枕无忧,没有人知道什么时候就不能继续从事这份工作了。""'你上一份工作代表了你的能力'是一句很有名的戏剧台词,所以我们必须努力不停向前,但这样远远不够,"他接着说道,"这是一个不可思议的职业,一份好工作会带来很有意义的回报。如果能够让人们大笑,给他们带来快乐,我就十分心满意足了。"

显然，他十分热爱工作，想永不停止，正如他说的，工作使他保持敏锐和专注。对于做着热爱的工作却要退休这事，他持怀疑态度。他告诉我们工作最美好的地方是这样的：

你要确保自己找到的事情能够占据你的大脑，令你创造性地思考和行动。我真切地认为这就是我能够活到如今这把年龄的原因。在我的一生中，我都在有目的且很用力地使用我的大脑。我相信这样能够让自己不断前进，并且让自己看起来比实际上更年轻。

他对退休颇有微词："许多人在 65 岁放下工作，开始退休生活，慢悠悠地做事，比如在花园里干点活。我发现他们中的不少人在 70 或 80 岁的时候已经枯萎了。"

他的案例给我们两点启示。其中一个是，许多人持续工作，并享受工作，因为工作令他们保持敏锐、专注和兴致勃勃。如果你享受工作，而且认为你投入的努力和价值获得了同等的回报，那为什么要退休呢？经验和技能只有通过持续不断的历险才能提升,有时候老将比新兵宝贵多了。

另一个启示是给用人单位在考虑早退休、65 岁退休或是留住 65 岁以上的员工的时候的。结论很简单:如果一个人工作出色、能力突出、富有经验并且愿意继续工作,有什么理由不让他继续工作呢?本书自始至终都在说明这个观点:雇用、提拔和留着最优秀的员工。如果员工具有突出的能力和竞争力,是最优秀的人选,那年龄根本不是问题。最关键的问题是有没有做事的能力。我们要根据能力和表现来选择最优秀的人才。

个人情况

认为 65 岁是最佳退休年龄的原因有很多。不管是之前的法律规定、文化习俗还是寿命长短的变化,都存在一种迷思,那就是,人们在 50 多岁或 60 多岁左右就开始想要或者需要退休了。

当然，每个人的情况不同。许多人迫不及待地想要开始退休生活，有些人急不可耐，有些人则避之唯恐不及。有些情况下，65 岁或不到 65 岁是最好的退休年龄。斯大林 74 岁时死于办公室，其实如果他早点退休或许对身体更好。

这里想要说的是，当劳动权益匮乏，或者因为无权享受养老金、退休权利或社会保障而不得不终身劳作时，设置退休年龄当然是一个福利。当然，那些享有漫长而有成果的职业生涯者也有权利拥有退休生活。与此同时，并不是每个人都梦想着拥有田园牧歌般的退休生活。对于不少人来说，他们喜欢工作，而对于上了年纪后的工作者来说，工作也不一定是每周 40 小时的朝九晚五。

65 岁就退休在现代经济中变得不适用了，因为有很多不同的选择会使人们工作得更久，或者选择更早开始工作。工作的安排会变得有弹性。人们可以凭借着自己一生积攒下来的经验和技能去当顾问。如果一个人工作出色、能力突出、富有经验并且愿意工作，有什么理由不让他继续工作呢？更别说，还有证据证明,退休并不总是对健康或幸福有好处,尤其是对于那些被迫退休的人来说,更是如此。

结 论

如果强制退休是为了保护员工,使他们不被剥削,那么情有可原。但是,如果强迫有能力、有才华和有天赋的人退出职场,那么强制退休就师出无名了。强迫那些能带来巨大贡献的人离开职场是不合理的,让那些愿意留下来的人离开也是不合理的。

本章和全书的核心观点保持一致。如果人们喜爱他们的工作,并且能够胜任工作,我们就不应该因为各种无关的因素阻碍他们,这些因素包括年龄、性别、种族、性取向以及任何不影响工作表现的东西。

选择十七
完美主义者是理想型员工?

完美主义既是优点也是缺点。

介　绍

完美主义看起来应该是个优点,一个可钦可佩的特征。在成功的体育运动员、商界人士、政治家身上和社交软件上,我们总能看见完美主义者或者完美主义者的影子。网络世界仔细筛选、过滤和修改内容后,总能向我们呈现出个人或企业最完美的形象。

在职场上,要呈现出完美的一面似乎比较困难,毕竟一点点小错误都会落在同事和上司的眼中。有些人有着完美主义倾向,而有些人则对小失误一笑置之。

完美主义不好吗?真的有完美这回事吗?如果有的话,成为一个完美主义者是什么感受?塞雷娜·威廉姆斯(Serena Williams)是这样形容自己的:"我真的很愤怒。我是一个完美主义者。"她是世界级杰出的网球选手,凭着 23 个大满贯冠军登上排名榜榜首,还打破了多项纪录。

当完美主义者成功时,我们的钦佩之情油然而生。但是,完美主义真的是员工的必备美德吗?

如果完美主义得到恰如其分的使用和发挥,它能带来高标准的、无瑕疵的以及炫目的成果;但是如果使用不当(常常发生),它就会成为一个心理阻碍因素,造成很多不良影响,比如表现不佳、人际关系冲突、不能按时完成任务以及给完美主义者自己带来极大的不快乐。

所以我们应该怎么看待完美主义呢?是把它看成完成任务的动力,还是一种自毁和过分要求自我的思维?

完美主义这个概念既可以是积极的，也可以是消极的，比如吹毛求疵者在透明的玻璃窗上寻找斑点。我们讨论完美的假期和晚餐，兴奋地大喊"简直太完美了"。在厨房、办公室、工作室或工厂追求如此效果的人是否就是有价值的员工？

完美主义的问题

完美主义者追求卓越并将它摆在第一位，拼尽一切力量去完成对他们自己或他们的工作来说重要的事情。在绝大多数职场，完美主义被视作培养标准员工的目标，而且值得鼓励。自律性高的员工总是想要表现出色，做出最好的业绩，这样的人当然是非常有价值的员工。他们对自己要求甚高，往往比同事甚至老板对自己的要求都要高。他们不需要别人催促自己做事，他们本身已经这么要求自己了。如果有足够的能力和稳定性，完美主义能够呈现完美的结果。这有什么问题吗？

我们需要注意的是，决定最佳表现的条件之一是稳定性。

而这恰恰是完美主义者身上最鲜明的弱点。

在极端情况下，完美主义者认为他们就应该是完美的：毫不犹豫、坚定向前、严丝合缝。他们对自以为的，或者真正的不完美、失败或弱点过分敏感。当他们觉得工作不完美时（这是常态），他们会焦虑、易怒、不开心。

完美主义可以是优点，但在工作中也很容易成为极大的缺点。在工作中，就算完美主义者成为数一数二的员工，他们仍然会有股失败感。他们的自我衡量标准是他们自己给自己设定的目标，而这些目标通常很难达成。完美主义者会制造很多困难，最主要的有三个：第一，完美主义阻碍了衡量工作表现的客观标准；第二，完美主义降低了工作满意度，从而降低了衡量工作表现的主观标准；第三，完美主义引发人际冲突，阻碍了团队的工作表现。

1. 阻碍工作表现

正如上文所提到的，完美主义在某些情况下有良好的效果。

但是，如果没有稳定性，面对突如其来的挑战，比如，和同事的冲突或一点额外的压力，他们就可能会失控。对于很多完美主义者来说，一些小问题都能让他们高度紧张，行为、情绪大变，最后无法专注于手上的工作。

完美主义者常常犹豫不决，错过截止日期的概率高得出人意料。的确，如果没有什么是足够完美的，你又怎么能知道何时才能完成一个项目？给完美主义者的时间越多，他们就越有可能陷入细节中，甚至是无关紧要的一些细节。在完美主义者的世界里，对工作质量的担心超越了按时完成任务的需要。他们可能会决定延期或者干脆不交，因为他们不想让别人看见不合格的成果（事实上成果可能已经很好了）。

并不是每个完美主义者都是这样的。如果应对得当，也能稍微自我觉醒，如果再加上身边有可信赖的同事，完美主义者能交出质量极高的答卷。

2. 降低满意度

完美主义者担心失误，对失误的反应比较消极，往往将失误视作失败，并因此认为自己会失去他人的尊重。他们也许会想：要是我犯错误了，大家就不会那么尊重我了，那我该多么沮丧。此外，完美主义者会对自我设立非常高的标准，并认为用这样的标准来衡量自己很重要。他们也许会想：如果我不给自己设立最高的标准，我最后有可能会沦为"二等公民"，我不喜欢在任何事情上低人一等。他们往往认为父母给自己设立了很高的目标，父母对自己的期望可能是希望我很优秀，或者希望我在任何事情上都能出类拔萃。也有些人认为自己的父母对自己过于挑剔，因此常常会这么想：小时候，我事情做得不够好就会受到惩罚，或者我感觉自己从来就没有达到父母的要求。他们对行动产生怀疑，这反映在他们怀疑自己完成任务的能力上。最后，他们过于重视秩序和组织，他们会这么认为：秩序对我非常重要，我要做个有秩序的人。

病态的完美主义者既不开心也不高效。他们的自尊心往往很低，因为他们觉得自己是失败者。他们还常常被内疚、羞愧和自我责备所折磨。他们很容易失去动力和希望，但是一旦有了动力，他们常常会强迫自我，十分执着而且十分死板。

3. 引发人际冲突

完美主义者用个人标准来衡量自己。如果标准不合理，很多情况都会引发人际冲突。

完美主义者很在意他人的看法，尤其是直接领导或高层领导的看法。他们的自我要求可能不合理，因此常常觉得自己让别人失望了。不管他们的完美主义倾向是来自于追求卓越还是取悦他人，想取悦他人的渴望本身是一种干扰和压力来源，而不是工作中的助力。

在完美主义者手下工作是充满挫败感和打击的。他们可能从来不会满意你的工作，不管失误有多小，都会被一一指出来。他们可能是激励人心的榜样，但是当他们身在管理岗位时，他们自身也会充满挫败感，因为他们总觉得自己亲自着手去做会比其他人做得更好。他们总是被小事干扰，常常忘了更远大的目标。

结　论

当你碰见有完美主义倾向的人，或者在工作中受到完美主义者的打击时，给予他们同理心是比嫉妒、憎恨更恰当的回应方式。他们会因为害怕失误或否定而拼命努力。这会导致一个恶性循环：设立不切实际的目标—没能达成目标—变得焦虑或抑郁—更无法完成切合实际的目标。这么看来，完美主义者并不一定是最佳员工，正如内维尔（Neville）在《福布斯》上发表的一篇文章，其标题一针见血地指出"完美是一切的敌人"。

完美主义既是优点也是缺点。设立高目标没有什么问题，但是要切合实际。像其他人一样，完美主义者也需要支持和帮助。做人没问题，但是做超人就不可能了。为团队的成功出力没问题，就算不是头功也没问题。

那些给人完美表象的人实际上也不可能面面俱到，不管他们在某一方面是多么成功。

选择十八
职场上的女性和男性

女性竞争的方式和男性不同，这不能说明女性在职场上的好胜心不如男性。

介　绍

在有关性别的刻板印象中，男性在职场上的好胜心比女性更强。男性更有攻击性、主导性和竞争性。女性则似乎更具合作性、更愿意培养和照顾他人，不是与人硬碰硬的进攻者。

进化心理学家会用人类的进化历史来解释这种刻板印象。在原始社会，男人是狩猎者和战士，女人则是采集者和抚育者。这些角色刻入我们的基因，随着进化的历史进入现代社会。但是，这种观点在职场上的说服力是不够的。有证据显示，存在更好的方法来看待职场上的竞争。这时候，进化论的观点变得不起作用了。

这点很有趣也很重要，因为不是在所有的行业或工作中，竞争都是有价值或有用的。有些员工的好胜心没那么强，也不爱出风头，而许多种类的工作恰恰得益于这些特质。

女人也不都是一个样的

显而易见的是，有些女人的好胜心更强一些。用来测量职场上竞争欲的高潜力特质量表（The High Potential Traits Inventory）发现，女性的竞争欲是一个连续谱；另外，特奥多雷斯库（Teodorescu）、麦克雷和弗恩海姆发现，女性和男性一样，其职场竞争欲分布在各个水平上。

说到底，证据不支持"女性在职场上的好胜心天生不如男性"这一说法。我们只能说，在更具竞争力方面，男性和女性有着不一样的方式和方法。

女人更容易"为难"女人？

有人认为，女人往往更容易和其他女人竞争，而不是和男人。戈登（Gordon）认为，女性相互竞争的方式不那么直接或不那么充满对抗性。他还引用了瓦尔兰科特（Vaillancourt）2013年的一份文献回顾。这份文献解释说，女性的攻击性通常转化为提升自我形象并贬低竞争对手的形象。

有许多竞争理论都解释了为什么女人"为难"女人。第一个理论就是之前提到过的进化心理学。该理论认为，本质上女性采用的是"求偶策略"，她们让自己看起来比其他女人更有吸引力。这个策略经过长时间演化而来，为的是在身体上保护自己。她们采用的都是非直接的方法，而不是直接的、身体上的对抗方法。第二个理论就是，工作、进取、名声和成功的社会价值引起了对资源的争夺。

我们暂且把这些理论放一边，因为它们充满争议性，过于把问题简单化，忽视了职场竞争的现实问题。

女性更愿意和自己竞争

阿皮切拉（Apicella）、德米拉尔（Demiral）和莫勒鲁普（Mollerstrom）对男女的好胜心的差异，尤其对这个差异如何影响职场上的薪酬和晋升这一点，充满兴趣。

他们做了一个实验。在这个实验中，参加者需要解开简单的数学题，竞争对象要么是自己，要么是另一个人。这和比拼销售业绩一样，要么打破自己最好的周销售纪录，要么做出比同事更高的周销售额。

在第一轮中，参加者每答对一个问题就能得到一美元。用钱作为奖励能使人们的行为更接近职场现实，因为在职场中，人们按业绩获得收入。在第二轮中，参加者可以选择打败自己上一轮的分数，或者打败随机分配的一个对手。如果参加者赢了（不管是赢了自己，还是随机分配的对手），每正确解出一道题目就能获得两美元，但是如果参加者没能赢，则在第二轮中分文不得。

为了增加竞争性，参加者在第三轮中要做出一个选择。他们可以选择不具竞争性的任务，答对一个问题就得到一美元；或选择有竞争性的活动，答对一个问题获得两美元。在这一轮中，性别差异出现了。

阿皮切拉和她的同事发现，在有其他选择的情况中，大部分男性参加者选择"对抗"另一个人以获取更高的奖金，而女性参加者则更愿意选择没竞争但低回报的任务。然而，在选择和自己还是和他人对抗的情况中，为了获得更高的回报，选择和自己过去的成绩竞争的女性参加者和男性参加者一样多。这是很重要的差别，它说明了虽然有些女性不如男同事有竞争欲，但是在提高和最大化自己的工作成绩时仍充满了好胜心。女性竞争的方式和男性不同，这不能说明女性在职场上的好胜心不如男性。

财务和职场影响

"好胜心不那么强"经常用来解释为什么职场上女性获得

的薪酬比男性少。的确，好胜心令人在职场上突出、展现自我以及获得关注。在充满竞争的职场文化中，展现比其他同事更好的业绩是成为最佳员工的最简单的方法。

然而，和他人竞争，尤其是和公司内部的人竞争，会起到反效果。健康的竞争有所助益，但是当竞争白热化，它就会导致充满攻击性和破坏性的行为，比如恶意的谣言、欺凌、破坏同事关系的表现。如果员工把时间都花在通过打击别人来提高自我上，竞争过于激烈的文化就会带来消极后果。最后，在这样逆向的竞争过程中，成为业绩最佳者并不是什么好事。

竞争的本质并不是坏的或危险的，如果使用得当，它会起到很好的激励作用。竞争欲在世界范围内都是一个很好的激励工具，不管是在销售人员、运动员还是相互竞争的企业家身上。在研究中还发现了另一个有趣的地方：和自己竞争的人，同那些和别人竞争的人相比，两者的成绩没有什么不同。竞争能够提升成绩，但是竞争的性质和形式却可以各不一样。

结　论

职场上，女性的好胜心和男性一样强，但也不是每一个人都一样好胜，这和性别无关。女性更倾向于和自己比较。评估业绩的时候，除了和同事比，也必须看个人的表现进步与否。

选择十九
职场上，性格可归为几大类？

　　没有所谓的"错的"性格，因为每种性格都有它的
优点和缺点。虽然工作中的性格冲突避免不了，但是了
解性格特征与不同种类工作的契合度能够帮助我们减少
冲突并最大化工作成果。

介　绍

　　罗伯特·本奇利（Robert Benchley）打趣道："据说，
世界上有两类人，一类是热衷于把世界上的人归为两类的人，
剩下的就是另一类人。这两类人都不乐意和对方打交道，事实
上也不在乎彼此。"这通话也适用于性格特征。人们总是被归
类为其中一种或另一种性格。人们要么是尽心尽职的，要么就
不是。人还有"充满好奇心的"和"传统的"之分，或者"合

作的” 和 “竞争的” 之分。有些人是思想家，有些人则是实干家。所以，类别 A 和类别 B 有时相互冲突。

按理说，冲突的双方应该不喜欢、不理解或不尊重对方的。性格真的能够差异到令人不由自主地互斥吗？我们可以将人的性格简单地分为两类吗？

性格不合并不属于心理学或者精神病学的学术用语，但是心理学、咨询师和培训师仍然迫不及待地要参与其中。在这些情况下，性格特征通常被分为相互冲突的两类。性格特征不同的人更容易起冲突，但是我们必须用有效的性格模型来做评估。

当人们因为不同的性格、价值观、职业道德或者其他特征而产生争执时，性格冲突就登场了。在职场上，人们思考和做事的方法有着很大的差异。这不是简单的不喜欢或者不信任，性格冲突反映的是人们用不同的视角看待世界。如果你的同事和你有着根本上的不同，那么合作起来将十分困难。早起型的人很讨厌下午 4 点开的会，不敢相信"夜猫子"会在 5 点 30 分后工作；然而，"夜猫子"从来不确定，也确定不了，究竟那些"早起的鸟"是几点到的办公室，到办公室后都做些什么。

性格冲突的严重程度不一，这是帮助我们思考性格冲突的很好的方法，而不是简单地将性格一分为二。现在职场上已经有很多性格理论模型，迈尔斯－布里格斯性格分类法（Myers-Briggs Type Indicators）就是其中一个，它将人的性格分为很多类。很多人以为，职场上的性格类别很容易就把人分门别类，但是，科学家却另有说法。把人简单地分为 A 或 B 类并不能帮助我们了解职场上的人。要更好地明白这点，我们就要了解性格特征和类型的理论模型。

特征和类型的冲突

对性格分类的理论模型主要分为特征模型和类型模型。

1.在类型模型中，根据一个或者多个性格变量，人们被分为不同的组别。比如，类型 A 性格是神经质的、执着的、好胜的；类型 B 则比较放松、不那么执着、不那么好胜。其他情况下，用类别、颜色、缩写或其他形式来描述多种性格变量。

2.特征模型按等级、分数、思想或行为的某种方式将人分门别类。在特征模型中，性格就是一系列稳定因素的连续谱上的某一点。落在连续谱上的某一点意味着存在或缺少某种思想和行为。比如，好奇心指的是你对新信息和创新的态度；你的态度可以是喜欢、不喜欢、不清楚或者是喜欢与不喜欢中间的任何一个程度。

在描述性格时，特征模型更准确并能提供更多细节，关于性格冲突也能提供更多信息，性格特征的分数呈正态分布。

在组别差异十分明显的情况下，类型模型才是有效的，但多数情况下，组别差异并不明显。在研究中，性格特征很明显呈正态分布，也就是说，分数集中分布在中央。大部分的人聚

集在中央，分布在两端的人则越来越少。和分布在连续谱两端
的人相比，分布在中央的人更相似。所有特征的分布情况都是
如此，不管是身高还是智商。根据这些发现和趋势，用来描述
性格的最好的理论就是特征模型，它提供了最丰富和最细节的
信息，帮助我们认识性格冲突。

性格特征，它们是如何起冲突的

高潜能特征量表测量的是职场上的 6 种性格特征。这几种
特征能够解释职场中常见的一些性格冲突。

严谨自律性

严谨自律性包含了自律性、条理性以及冲动控制。严谨自
律性高的人往往比较有条理，喜欢制订具体的计划。他们善于
激励自我，充满动力，喜欢完成目标。严谨自律性较低的人则
对截止日期和日程表不在乎。他们似乎随波逐流，从与职业目
标、成就和荣誉无关的事情上得到更多的满足。严谨自律性对

团队和对个人的作用相似。如果团队里有那么一个严谨自律性高的人，他能够激励整个团队，设立清晰的目标和日程表，造福团队。但是，如果团队里都是这样的同一类人，那么，有时候团队就会过度地向内聚焦，被规则束缚。

两个严谨自律性程度完全相反的人碰在一起的时候，如果两人的工作价值观和努力程度不一，冲突就会出现。一方认为另一方为人死板，是有强迫症的完美主义者；另一方认为对方懒惰且散漫。

严谨自律性高的人更擅长处理细节丰富的任务，这些任务需要长期的规划和自我激励。严谨自律性较低的人则更擅长处理自发的工作，在自发的环境中，他们受外界、同事、任务或者经理的激励。

适应性

适应性指的是人们在面对压力、环境以及和他人的关系时的情绪反应。适应性低的人会有比较多的消极念头和消极情绪。

他们对自己的工作、行为以及对周围人产生的影响有更高的感知性。低适应性通常和消极念头、担心以及不必要的尴尬联系在一起。适应性高的人则更不容易紧张，要求也没那么多，对自己的表现也更自信。

适应性对人际交往有着极大的影响。适应性低的人很在乎他人的看法，容易花大量时间去不停地回想人际交往中的细节。适应性高的人则比较变通，他们更少有那些不必要的感知性，也更不容易感到尴尬。有些人会觉得适应性低的员工是神经质的，而那些适应性高的人则显得冷漠或总是一副无所谓的态度。

适应性高的人更擅长处理压力大的环境和工作。有些工作环境需要员工在紧急情况下保持镇定和不动声色，适应性高的人就适合这种环境。有些工作环境需要员工对外界威胁或危机保持警觉，适应性低的人则适合在这样的环境中工作。

好奇心

好奇心指的是一个人对待新信息、方法和方式的态度。充满好奇心的人会主动地搜索新信息，寻找各种方法来完成工作。好奇心强的人不停地寻找新信息。好奇心不强的人则喜欢走前人走过的路，对新信息持怀疑态度，而且不喜欢尝试新技术。

好奇心强的人对他人的观点和做事方式充满兴趣。他们喜欢探究和了解别人行动背后的方式和原因。信息量要大才能吸引住好奇心强的人，好奇心不强的人对讨论不感兴趣，也不热衷于了解别人的想法。

有人会觉得好奇心强的人不那么专注，总喜欢在各种想法或项目间跳动。而好奇心弱的人则被视作传统保守的，甚至是阻碍创新或进步的。

如果一份工作要求不停学习新东西，好奇心强的人在这种工作中就会很出色。他们从培训或发展项目中成长的速度也很快。好奇心不强的人则更适合做对稳定性和可靠性有要求的工作。

冒险

冒险指的是一个人处理挑战、困难和危险情况的方式。冒险性高的人会考虑许多选项，选择他们认为最佳的方案，然后快速行动。相反，冒险性低的人往往在情况发生时才做出反应。冒险性高的人喜欢直接面对挑战，而冒险性低的人会避开挑战或冲突，直到他们没有其他选择为止。

冒险性能够很好地看出一个人与其他人的交往模式。充满勇气的人比较坚持自我以及直面困难，但是有时候会显得过于有攻击性了。根据情况做出反应的人往往会避免冲突和冒险。

具有冒险性特征的人能给大部分的团队带来好处，但是如果团队里有太多冒险性高的人，冲突和争吵就避免不了。如果团队里没有愿意冒险的人，那么内部冲突就得不到解决。

当一个愿意牺牲一切来避免冲突的人碰上单刀直入解决困难的人，这种冒险性程度的不一致就导致了性格冲突。冒险性低的人适合那些人际冲突或者工作风险较低的工作。

模糊容忍度

模糊容忍度指的是对待复杂信息和情况的反应。对模糊容忍度高的人喜欢复杂的情况和不确定因素。对模糊容忍度低的人则讨厌庞杂的信息和不确定的情况，他们喜欢明确的问题、状况和方法。

对模糊的容忍度也构成企业、组织或者个人的特点。如果一个组织有灵活的政策并宽容对待个人决策，则说明这个组织有很高的容忍度。如果一个组织等级森严、流程死板、一切照规章制度走，那么这个组织的容忍性就是比较低的。

模糊容忍度影响人与人之间的工作关系。对模糊容忍度高的人喜欢复杂和多样的信息。他们更愿意找到冲突的观点或者与现有认知不符的地方。对模糊容忍度低的人则讨厌庞杂的信息，对模棱两可感到挫败，他们会竭力避免冲突，以防领导力的失控。

模糊容忍度不一致的两个人在一起时有可能引起冲突，因为模糊容忍度高的人似乎没有明确立场或给出语意不明的信息，而容忍度较低的人希望得到明确肯定的答复。模糊容忍度高的人往往更适合担任领导的角色。模糊容忍度低的人则在技术或专业岗位更为出色。

好胜心

好胜心指的是一个人想获胜的欲望、对权利的渴望以及面对输赢时候的反应。好胜心强的人希望自己的成就得到认可，会鞭策自己不停进步。好胜心不那么强的人则不那么渴望控制权，对于奖赏或认可也没有那么在乎。

好胜心会影响一个人在团队中的表现以及人际关系。好胜心强的人将团队工作当作一次展现自己能力的机会，他们渴望得到队友的赏识。好胜心不那么强的人虽然一样努力，但是并不想出风头，他们从团队成果中获得的满足感比从个人成就中来得大。

显然，好胜心强弱不同的两个人碰在一起就会产生冲突。

好胜心强的人力争成为他人眼中的强者，好胜心弱的人则尽力避免相争或者成为焦点。

在要求个人表现和与他人竞争的任务中，好胜心强的人表现出色，销售人员和精英运动员就是如此。好胜心不强的人则适合团队作战。

中　庸

特征在反方向上越极端的两个人在一起时越容易产生冲突，居于中间的人则更为相似，冲突也更少。

认识到这点很重要，因为明白你自己和同事的性格特点能够更好地了解他们的工作模式。"错误的"性格特征是不存在的，因为每个人都有自己的优点和缺点。有些工作更适合某种性格的人，所以我们找工作时要找那些适合我们强项的工作。

结 论

不同的性格特征可能会引起工作场合的冲突。为了避免冲突或者减少冲突带来的影响，最好的方式就是了解不同的性格特征。

我们要明白，性格特征是思想、情绪和行为的稳定模式。性格难以转变，所以了解性格如何影响工作以及人际关系能够帮助我们减少冲突。虽然工作中的性格冲突避免不了，但是了解性格特征与不同种类工作的契合度能够帮助我们减少冲突并最大化工作成果。

选择二十
在职场上的公平

所谓平等，并不是给每个人一份工作，也不是配额制，而是确保那些有能力、有资格的人能够享有同等的迈向成功的机会。

介　绍

在职场上，对性别身份和性取向等问题存在大量的迷思和误解。职场上对有着不同性取向的人存在着偏见，但是性取向不应该和一个人的工作潜能联系在一起。

本章不对性取向和性别进行详细的讨论，本章讨论的是在职场的选拔、培养和保留人才的决定过程中，性取向和性别不应该作为被考虑的因素之一。

如果选拔人才的范围扩大，招聘中人为设置的"障碍"被移除（这些东西本身和评估个人真实能力无关），那么，求职者和用人单位都能从中受益。

关于就业公平的争论

一个简单直白的观点就是，就业公平使企业保持竞争优势。在人才大战中或者人才紧缺时，如果用人单位仅因为某些人"特别"而将他们排除在公司之外，完全不顾他们的才能，那么这么做简直是傻透了。就业公平的关键之处在于，它确保人们在职场中依靠才能或潜力，而其他无关紧要的因素则被忽略。

职场公平与"才华""潜能"等概念息息相关。职场公平就是，如果一个人在某个地方可以发挥才华，就要帮助他消除在这个地方的就业和晋升障碍。公平不是给每个人一个工作，也不是一种配额制，而是确保有能力有资格的人获得平等的成功的机会。换句话说，公平，就是根据能让人们成功的证据和有效的标准，来发掘每一个人身上的潜能和能力。因为某个特定但无关的标准而将一个人排除在外的做法是不公平的，对企业也是有害无益的。

在我们的另一本书《高潜能：如何发掘、管理和培养有才能的人》（*High Potential: How to Spot, Manage and Develop Talented People at Work*）中，我们就如何实现就业公平提出了 4 个要点，具体如下：

1. 这是正确的决定。维持职场公平无论从道德、有效性还是商业决策角度来讲都是一个正确的选择。企业没必要因为某些理由而将一些人排除在外，况且这些理由和他们的工作表现和能力无关。

2. 这是合法的决定。从法律角度来说，歧视任何一个群体都会触及法律问题。并不是说企业在招人的时候要考虑性取向和性别，而是如果因为与工作表现无关的特征而招聘或解聘某一个人，这么做既不公平也不合法。实际职业资格（*bona fide*

occupational qualification）就是这么规定的。BFOQ（实际
职业资格允许雇主在雇用特殊行业的职员时，按照行业要求而
依据性别、年龄、宗教信仰、种族等特征而对雇员进行筛选）
这一条传达出来的真正意思是：在法律上，招聘人的标准要和
工作本身有关。比如，消防员要满足一定的身体素质的要求。
这些要求对完成工作任务至关重要，因为消防员要扛器材、爬
梯子。这些是完成消防任务的必要条件，是工作属性的要求，
也是合法的要求。

公平的人力资源制度会给企业带来额外的好处，因为员工
会看到他们所在的职场是公平公正的，而且考核标准都是和工
作有关的。如果员工认为人力资源制度不公平，企业会出现很
高的离职率，从而遭受损失。如果一个企业有着公平的人力资
源制度，在招聘、晋升和解聘员工过程中有一套公平和透明的
标准，那么这样的企业往往被认为是人们向往的工作场所。

3. 职场公平能够提高效率并且扩充人才库。从商业角度考
虑，职场公平能够扩充人才库，减少人才流失。如果某一部分

群体在职场被歧视，那么受到聘用、晋升和培训的潜力员工就会减少，而没有歧视文化的企业就会有竞争优势，有更多的人才可用。

4. 职场公平可以扩展员工的知识面。一个开放、明智和合理的人力资源政策会吸引来拥有各种背景的人才。绝大多数的企业都有着大批客户或者员工，企业的员工之间如果能够相互学习，他们丰富的人生经验和多维度的视角将会成为企业的竞争优势之一。在这方面表现最明显的是市场部，同质性太高的团队最后创造出来的很可能是一些平平无奇的东西，而不同的视角则可以改善这个情况。

结　论

各种论证已经充分说明抛弃愚蠢的刻板印象对企业大有好处，这样的刻板印象包括了对于各种群体的歧视行为或偏见。国际经济合作与发展组织秘书长安赫尔·古里亚（Angel

Gurria）曾发表强有力的观点，他认为，就业公平和消除职场歧视能真正推动经济和企业的发展。

美国驻国际经济合作与发展组织大使凯伦·科恩布鲁（Karen Kornbluh）将职场歧视比作技术"漏油管"，并指出如果被忽视的人越多，连带他们带到职场的知识和技术也不被认可，那么企业和经济发展的损伤就越大。

选择二十一
千禧世代在改变职场？

在帮助我们了解员工这一点上，知道世代差异、他们是哪年出生的并没有什么用。

介　绍

"不同年代的人在性格、价值观和工作方式等各方面都有着本质的不同。"这个迷思一直存在且不停地误导着人们。不同年代的人有着本质的不同这一观点对于职场的招聘、晋升、管理和留用人才有着重大的影响。然而，鲜有证据证明不同年代之间存在着重大的差别，反倒有许多证据表明，有更多其他的重要因素在影响着职场。

流行文章、媒体和商业报刊似乎对不同年代人们之间的差别有着浓厚的兴趣，对于年轻一代或者千禧世代的评价大部分（不是全部）是负面的。总体上，许多人认为，在某个特定时间、地点或者特殊场合成长起来的经历总是会给人留下深刻的印记。各年代的人态度和价值观有着差异，各自被其所在的时代所塑造。

人们将世代差异的想法进一步升级，认为相差不超过 25 年的人之间有着相同的经历、价值观和特征。不同年龄的群体存在着对各自的刻板印象。与自己不同年代的人被视作"异类"，而同个年代的人则为"同类"。然而，在同个年代内部，更容易发现价值观、动力、性格和事业成就的多样性。

世代差异是一个过于简单化的概念，导致人们轻率地把人分为"我们"和"他们"。接下来，我们首先要解释的是为什么世代差异是一个偏见，然后再解释为什么破除这个偏见能给我们带来诸多裨益。

概念的根源

关于世代差异的问题总是层出不穷，它们把各年代的人想象成不同的部族或者不同的文化，所以能够通过某个神奇的分割点将各自区分开来。"在 1943 年至 1960 年间出生的人是相似的。至于 1961 年出生的嘛，不好意思，请自行离开，你属于 1981 年那组的。"

一开始，让我们来讨论下以上的世代区分，以及同一世代的特点。如果世代差异在工作价值观和态度上真的存在差异，那么可以直接定义职场上不同的时代，并衡量他们各自的不同。按这个逻辑，如果世代间各有差异，那么他们就需要不同的管理方式和工作环境。

关于世代差异的理论最广为接受的是施特劳斯－豪模型（Strauss- Howe model）。关于世代差异的一些术语已广为人知。"婴儿潮一代（Baby Boomers）"指的是出生在 1943 年到 1960 年之间并深受二战结束后的时期影响的人。

"X 世代（Generation X）"指的是在 1961 年至 1981 年出生的人，而"千禧世代"则是出生在 1982 年至 2004 年间的人（也就是说"千禧世代"实际上指的是现在 16 到 38 岁之间的人）。进入职场的下一代被称为"本土一代（Homeland Generation）"。"最伟大的一代（Greatest Generation）"是出生在 1925 年至 1949 年之间的一代，也是在二战中战斗的一代。根据施特劳斯－豪模型，本土一代和最伟大的一代有着相似的特征。

婴儿潮一代出生在二战后，深受上世纪 60 年代的混乱的影响。他们挑战那些他们认为在战争中不正义的行为和想法。这一代关键词有公民权利、胡士托（漫画形象，史努比身边的小鸟）、登月、静坐（大型的集会游行示威）、劫持和核能。婴儿潮一代排斥传统的等级制度，反对顺从，他们喜欢尝试新事物。

X 世代则受 20 世纪七八十年代事件的影响。他们挺过了自 1930 年经济大萧条以来最严重的经济危机。他们的成长伴随着环保运动、女性运动、制造业的衰退以及服务行业的兴起。

"他们在职场的名声不太好，似乎对任何忠诚于他们的人都能加以背叛。他们的信条是'贪婪是好的'。他们的充满物欲和自我放纵的嬉皮士文化备受讽刺。"

千禧世代在 2000 年左右参与到这个世界中来。理论上他们受到 20 世纪 90 年代一系列事件的影响：苏联解体、东西德统一、欧洲联盟、种族隔离制度结束以及相互依赖、加深的全球化进程。他们的世界因为信息科技而急剧缩小。机器和科技开始迅速取代人们的工作，人们开始不断迁徙、远程工作、共享空间，并有着更加不稳定或者更有弹性的工作安排。

我们得到的信息是，进入职场的新的一代（不只是千禧世代）正在改变职场。新的一代从本质上来说是不同的。和之前任何一代比，表情符号和自拍给这个世界带来的改变要深刻得多。

事实上，每个世代都有不同的挑战要面对。世界或者职场的改变根本没什么可大惊小怪的。棉花、杜松子酒、印刷术出现之后世界就在不停地变化。

破除迷思

如果各世代在本质上就不同，那么他们对工作的期望自然就不同。如果真的是这样，那么比起身边的环境，社会总趋势和世界上发生的大事对孩子的影响将更大。但事实上，显然，父母的好坏比美苏关系对孩子的影响大得多；孩子的伙伴比起北约安全委员会对孩子影响更大；学校的教育比起联合国的决议对孩子的发展有着更直接的影响。

也许同一个世代的人有着更多相同的对世界大事件的回忆。这也就是为什么人们长大后的价值观、政治信仰以及工作态度有的相同，有的不同。某个时代的人可能对温斯顿·丘吉尔、玛格丽特·撒切尔或托尼·布莱尔记忆深刻，并且和下个世代的人对这些人的看法并不完全相同。

有 3 点原因可说明为什么"世代间有差异"的概念是误导人的。

1. 年龄增长。很简单，年龄增长会使人改变。在一生中，人们不断改变、学习和成长。总体上，随着时间流逝，人们会增加经验、更加自律，在人情世故上更加精明。有些人少年老成，有些人终会成长，而有些人似乎永远不会成长。一个比较合理的解释是，年轻人比较冲动，需要更多的时间来融入工作环境。很多人指责年轻一代过于鲁莽、不懂得尊重人、对几世纪前以及不同文化背景的前人（从苏格拉底到陀思妥耶夫斯基）大有不敬。这不是某个世代才有的现象，绝大多数年轻人需要不停地成长，在职场中慢慢成熟起来。

2. 社会经验。世代间存在差异的迷思认为社会经验是决定工作表现最重要的因素。大量证据表明，事实上才智、性格、培训、经验和其他因素比起年龄或出生年代更能够决定一个人的工作表现。在工作面试中，随机抽取一些年纪相同的人，你会发现他们的工作表现千差万别。总有一些年轻人自以为是，热衷于在社交软件上炫耀，缺乏自制力。可是，任何一个世代都有这么一群人存在。

3. 专断的切分法。将世代间的差异进行分类就意味着要根据他们的出生年月专断地做出切分。被切分的年月并没有什么理论依据，它们不过是一连串历史事件的集合。历史学家会使用君主统治的日期来描述某段历史时期，但是如果我们照这个方法把人按年龄组归类是不合逻辑的，因为按照这么分，有可能开头或结尾处两个出生日相隔不到一年的人可能被分为不同的组，而中间段的两个相差20年出生的人却被归为同组。

不少流行读物都写了"世代"的话题，许多文章只供娱乐或者消遣，也有许多则加深了这个错误的认知和偏见，有些甚至还十分风行。在帮助我们了解员工的工作表现方面，了解世代差异并不比知道员工的出生日期好多少。

显然，存在一个"职场上的世代"的"产业"，它正从流行中获利。媒体文章、电视节目、书籍和学术会议，不管是从业者还是顾问都成了"世代学"的专家，似乎所有事情都可以被世代差异解释，它简直是"万灵药"，可以不停地重新包装再售卖。

而关于世代差异的"理论"我们知道些什么？其实，知之甚少。这个"理论" 不堪一击、毫无逻辑。没有好的理由可以证明，这一切不是人们随着年龄的增长而产生的变化。

以偏概全和老生常谈

事实上，企业在不断发生变化，人们工作的方式在不断变化。事实一贯如此并将永远如此。关于世代差异的那些言论不过是一些人力资源方面的建议，只不过冠上了"千禧世代"作为噱头然后重新售卖。商业上惯用的技巧如"阐述公司前景""提供培训和职业发展规划建议"以及"清晰地沟通职业期望"是对所有员工的良好的建议，不仅仅是针对千禧世代的。难道有哪一个世代的人工作了一两年后，是不知道他们的工作内容、公司前景以及自己从事的职业可以如何发展的吗？

各行各业精明的商业老手都知道，把一些建议重新包装然后"卖给"某个特定的群体是多么容易。这个特定的群体可以是千禧世代，可以是上了年纪的工人，也可以是女性。

结　论

和本书提及的一些其他问题不一样，本章问题的结论没有模棱两可，而是根本找不到证据支撑职场存在世代差异。这个概念不但无益而且有害。最好的情况是，这只不过是一些流行书籍的自吹自擂，产生不了什么影响力。最坏的情况是，因为它的误导，职场上出现了错误的决定，带来了坏的影响。职场上没有什么世代差异，衡量一个人更好的方法是考量这个人的性格、智力、动力、技能和经验。

选择二十二
办公室恋情是否可以被允许？

当价值观相似的一群人聚集在狭小的空间里为同一个目标努力时，他们当中发生恋情一点儿都不奇怪。

介　绍

办公室恋情合适吗？如果是比尔·克林顿（Bill Clinton）或约翰·梅杰（John Major），他们就会告诉你办公室恋情是不合适的，会带来严重的不良后果。然而斯坦福大学在美国所做的一项调查发现，职场中有20%的人的伴侣是在办公室找的。事实上，办公室恋情是找到伴侣的第三大的途径，只排在通过朋友认识或在酒吧、俱乐部及饭馆认识之后。

本章当我们讨论"办公室恋情"这个话题时，所讲的是完全有共识的关系，当中不存在权力滥用或地位压迫的情况。

这个话题讨论起来十分困难。正如上文提及的，约20%的人是在工作场合中遇到自己配偶的。不是所有的恋情最终都会走向婚姻，这也意味着办公室恋情可能超过了20%。大部分人的一天都是在办公室度过的，人们通过工作认识了死党，也难免走进一段恋爱关系。

禁止办公室恋情是诱人且经常用的手段。这样一来，可能市场部就不许搞任何有创意的协同方案；一起工作的心脏外科医生绝不允许给任何护士做检查，就算突发心绞痛的情况下也得如此。

严禁办公室恋情不可能禁止恋情的发生，相反，它让调戏、小打小闹或者更严重的行为变得更刺激。我们要细致入微地制定政策，要明白不是所有的办公室恋情都是如出一辙或者不公平的。在我们讨论办公室恋情的隐患前，我们先来看看它有哪些好处。

办公室恋情的好处

谈崩的办公室恋情会带来一些不良后果，比如，情侣间的敌对和蔑视、性骚扰投诉、滥用职权，但是办公室恋情也颇有益处。皮尔斯（Pierce）和阿吉尼斯（Aguinis）发现在办公室谈恋爱的人对公司有更高的满意度和投入度。这个结果和另一调查结果相似：整体上，更好的同事关系能够提高工作满意度和工作表现。其他调查也发现，对办公室恋情采取更开放、更宽松的政策能够让员工认为他们的工作环境更开放、有趣和公平。

阿里亚尼（Ariani）及其同事发现，与普遍流行的看法不同的是，办公室恋情的开展一开始都是带着善意和长远发展的目标的。的确，有些恋情的发展是随意、不真诚或者带有功利性目的的，但那是少数。阿里亚尼团队认为，一段满意的办公室恋情能够极大地提升工作满意度和工作成果，虽然他们对"满意的"未给出详细和准确的定义。

权力不平衡

权力不平衡是办公室恋情中最为有害的要素。这也就是为什么医生禁止和病人发生关系，咨询师禁止和来访者发生关系。这些不但是公司制度上的规定，也是职业道德条例上的规定。

职场上同级之间的恋情和上下级之间的恋情是完全不一样的。当同事间用职权和影响力来交换利益或者为了私利出现不当的行为时，结果和危险都是成倍扩大的。正如阿里亚尼描述的，平级同事之间的恋情更容易建立在相互吸引上，因此关系是平等的；上下级的恋情则含有更多功利性的目的。

权力不平等的最大问题是，如果办公室恋情结束了，同事间还得继续往来与相互合作，这一点和办公室外的恋情不同。权力不平衡导致一方利用恋情进行报复或骚扰的可能性大大增加。如果要禁止某类办公室恋情，可以制定相关政策禁止权力不平等的恋情。禁止此类恋情并不是说CEO就永远不能和秘书谈恋爱，它也不能阻止医生爱上病人，但是公然鼓励或允许这样的关系确实是极其不明智的。

为什么办公室恋情如此普遍？

问题来了，如果办公室恋情是不受鼓励的，那么为什么它还如此普遍？为什么工作场合中两个人会彼此吸引？答案很简单，主要有以下两点。

首先，距离在两人相互吸引的过程中起决定作用。这也就是为什么我们容易爱上隔壁的男生或女生而不是另一个城市或国家的男生或女生。就算是网恋，我们也会根据地理位置的远近将潜在的对象进行排序。空间位置对友谊和恋情的影响是一样的。在同一栋楼里，比起其他楼层的人，人们更容易喜欢上同一层楼的人。同一栋楼的人又比其他楼里的人更容易对我们具有吸引力。位置远近比其他因素更有影响。

另外一个重要的因素是相似的价值观和态度。如果两个人的出身背景、外形、性格和事业成就都差不多，那么他们就容易被对方吸引。关于长期吸引和配对的调查发现，价值观、教育程度、年龄和其他要素的相似与美满幸福的恋爱关系有着莫大的关系。工作常常将有着相同收入、兴趣、价值观和经历的人聚集在一起亲密合作。

当价值观相似的一群人聚集在狭小的空间里为同一个目标努力时，他们当中发生恋情一点儿都不奇怪。

三个需考虑的要素

如果办公室恋情不可避免（在我们看来的确避免不了），那么我们要做些什么？有些人认为，同事间的亲密关系是不当的，是不专业的行为，不应该鼓励。这个观点也不都是错的。虽然亲密积极的办公室恋情颇有益处，但是一旦谈崩了，后果可能会很严重。先不说严重的报复行为，单是打印室里的纠缠不休或备受非议的相遇就浪费了大量时间。还有，为了不"东窗事发"，两人花费大量精力遮遮掩掩，结果导致工作效率低下。因此，我们要认真考虑下面三个要素。

第一，公司制度应该考虑怎么处理办公室恋情，但是要用谨慎和成熟的方式。在有些机构，办公室恋情是毫无商量余地的，狱警就绝对不能和囚犯谈恋爱。但是图书管理员之间的暧昧就没什么大碍。而如果公司内部不妥的恋情越多，出现的问题也就越多。

第二个要素就是恋情的质量。一段稳定、健康和公平的办公室恋情能够激发士气，并提高对工作环境的满意度。对办公室恋情不断施压会令当事人遭遇重重阻力。

第三个要素就是权力的不平衡以及导致可能存在的其他同事的不满。如果办公室恋情导致了偏袒行为，那么其他人自然会觉得受到了不公正的对待。比如裙带关系很容易就被发现，从而容易在公司里造成员工被孤立的状态，裙带关系的既得利益者可能会遭到很多人的憎恨。

结　论

公司制度无法将办公室恋情斩草除根，也没有什么能完全禁止办公室恋情的发展。严厉的措施常常会引起流言蜚语和一些隐藏起来的恋情，而开明和成熟的政策则会承认办公室恋情的可能性，并定义哪些是可接受的，哪些是不恰当的。公司无法保证恋情会顺利发展，但是应该明令禁止剥削性的两性关系、性骚扰以及利用权力不对等开展的恋爱关系。

选择二十三
教学和培训是不是一样的？

经验不足的管理者在压力之下的应对措施可能会有失水准。但是，通过培训、练习和体验，他们能够学习如何更好地去应对问题，并且在将来做出更好的决定。

介　绍

有些管理者将教学和培训等同起来，认为它们在本质上没什么差别，培训就是传授知识，培训资料在教科书或相关手册上就能找到。事实上，两者不能混为一谈。他们之间有着巨大的差别，了解他们各自的定义很重要。

教学
＊传授知识给他人，或教导他人如何做事
＊就某个学科或技能，有目标地输出信息或教导他人
培训
＊通过持续的练习和指导，教授（一个人或动物）某项技能或者行为
＊通过持续的练习和指导进行学习
＊通过指导或练习得到发展和提升

　　两者最主要的区别在于培训更多的是技能的实际应用，尤其是通过训练的方式。区别还在于活动的精神和目的。教学更偏向于理论，也更抽象。比如，老师在学校或者大学里教书通常要解释一些理论和概念，但学生未必会应用。老师想要他们的学生学习和理解这些概念，就要让他们先了解背景知识。

　　这并不是说采用更抽象的教学方法有什么问题，只是说教学的意图和培训的意图往往不同。关于一个话题的知识和理解对于培训十分有用，在某些情况下，知识能够应用到很多不同领域。比如，在学校，学习数学是一个抽象的任务，对有些人来说甚至是很不愉快的经历，但是它对于之后工作的许多方面十分有用，比如做预算、销售、会计，核实工资、奖金，甚至和同事聚餐之后的算账。无论如何，区分教学和培训很重要。

一个简短的说明

也许有人会说，好的教学也有实践的成分，而且经常通过练习来提高学生的学习能力。在本章，我们的"教学"指的是比较抽象的方法，而"培训"指的是实践性更强的方法。并不是说两者相互对立，而是本章要讨论的是实践和培训在职场上的应用。教学和培训可能有一定的重合，但是在许多方面两者之间的差别还是不小的。

教学和培训的区别

在职场，培训往往要上手练习。比如，员工在大学校园里的时候可能只是学习一些理论，但是到了工作中，他们就要和其他人一起学习并实践和操作各种技能。每个有经验的管理者都知道，商业理论、模型和背景知识在现实以及千变万化的职场上很快就会被抛弃。其实，这个情况在各行各业都是如此。在销售领域，推销行话会有帮助，但是要把产品推销给各种各样的人群时，它的局限性就会非常明显。

对学生和员工的教学很重要，因为一些概念在职场上有普遍的适用性。律师、牙医、心理学家或者会计都接受过一些基础课程，明白他们之后都有哪些具体的方向可选择。政治家一般念的是哲学、政治学和经济学，就算最后他们选择了立场完全不同的政党，采用的处事方式也完全不同。当商业或者经济学这些抽象的理论能够归纳起来并应用在不同场合中时，它们往往十分有用。

教学和培训的一个重要的区别就是两者的时间观和角度很不一样。学院派认为他们都是从长远角度来看待事物的，不喜欢仓促行事。许多学院派抵制"最后期限"，但这在职场上很普遍。如果学生们没有赶上截止日期，学生的论文或者项目延迟提交一个礼拜没什么大不了，学院派往往很宽容，毕竟后果也没有职场那样严重。但是在职场，延迟一个礼拜可能造成严重的后果。送货或提供服务延误经常给企业造成损失。错过一次截止日期可能造成公司的运营停止。在医院，数星期或者数小时的延误可能造成生与死的差别。所以，培训需要将工作的实践性和特殊性结合起来。

另外一个重要的差别就是，学生被期望要自我激励和独立。学校给他们提供各种设施和资源，比如，电脑、图书馆、软件、顾问和阅读清单。但用多少时间、下多少功夫以及接受多少训练全凭个人决定。有些公司也有这样的特色，但是在大部分公司，员工的工作受到监督，要按时按点上班，要达到一定的标准。学生付费上了大学，可以不停地失败，就算他们没付出什么努力。在职场，表现不如人意的员工会造成经济损失，最后变成公司的一个负担。

教学通常是一个口授的过程，要求学生按自己的想法去阅读或者做研究。它的目的是传授知识，这些知识能在将来派上用场。学院派研究运行机制和过程，找到解释它们的方法。不过在职场上，如果时间和预算有限，它们的用处可能就没那么明显。这并不是说理论或抽象的模型没有用处。实际上，它们能解释要点并提升我们的理解能力。但是这些理论在实际场合中未必能够直接得以应用，因为有些情况根本无法预测。

培训的价值

企业培训师比学院派要雷厉风行得多。光滑发亮的小册子、聪明的口号和充满魅力的培训材料看起来十分吸引人，也比教科书好卖得多。企业培训师的演讲往往是精心设计的，吸引人眼球，对于复杂问题他们给出十分简单的解释。他们之所以喜欢这么做，是因为客户容易被这种形式吸引。

许多人已经意识到这个情况了，因为有些所谓的培训师用"高明的"销售行话来糊弄客户，隐藏培训空洞无物的实质。所以，分清事实和表面就显得十分重要。这时候，之前所学的背景知识就派上用场了。

对培训心存疑虑的老师们常常批评实用类的培训，因为在他们眼中，所有培训毫无二致，都是空洞的。这不是愤世嫉俗的批评，起码它强调了富有内容的培训师的重要性，有些人甚至得意扬扬地将此总结为"金玉其外，败絮其中"。一些学院派十分妒忌培训师的高报酬，他们自身的问题是有一堆的内容却没有很好的形式。干巴巴的讲座，配上死板的 PPT 和单调的演讲方式，毫无吸引力可言。

关于培训，我们要记住的是，培训越生动有趣、容易记住，接受培训的人的参与度就会越高。如果呈现方式无魅力也不精彩，那么即使精彩的内容也会被忘记。形式和内容都很重要，两者要结合在一起。

好的培训很有价值，其所传授的内容在现实生活中得以应用。像飞行员和消防员，他们许多的演习就是为了训练他们在突发情况下的反应。在绝大多数工作中，当人们惊慌失措或毫无准备时，他们会将之前学的内容忘得一干二净，在紧急状况下，知道怎么做和真的能做到是两码事，练习和培训就是告诉他们，他们的本能会怎么反应，而他们应该怎么反应。

大部分工作都是如此。管理者会碰到很多棘手的问题，这些问题是教学没能够教会他们怎么去处理的。办公室冲突或者员工的绩效表现，它们的形式千变万化。经验不足的管理者在压力之下的应对可能会有失水准。但是，通过培训、练习和体验，他们能够学习如何更好地去应对，并且在将来做出更好的决定。

结　论

有些人认为教学和培训并无二致。有些人则认为，教学含有实践的元素（我们将它归为培训的特征，这种说法是对的）。但是分清它们的定义是我们讨论抽象学习和应用学习区别的第一步。

教学和培训之间的差别还是很大的，在不少情况下，差别成了孰优孰劣的比较点。学院派认为"实践的"培训格局不够大，或者说它们没有理论依据。企业培训师则认为学院派不接地气，理论和行动结合不起来。两者都对真相嗤之以鼻。事实上，教学和培训一样重要。它们是不同的工具，都很有用，目标不同罢了。两者都应该保留。

选择二十四
怎么评估年度考核的效果？

年度考核如果操作得当，不失为一个有用的工具，但这远远不够。

介　绍

年度考核是人力资源（HR）的重要工作，它也被称作"绩效回顾"或"绩效考核"。有时候，它改头换面一下，成了"职业发展讨论"。

每年都有那么一次，HR 对一个人在过去一年中的工作表现做出全面的回顾。通常，HR 会借这个机会来讨论个人的职业发展和过去的表现。

这对被考核人来说的确是一个很好的机会，可以讨论工作期望或者目前碰到的困难和问题，它给员工一定的稳定感和确定感。如果员工了解了公司对他们的工作期望和表现，他们会更好地去达成这些期望。

另外，年度考核也可以为来年或之后制订短期或长期的目标。在考核的过程中，也许会讨论被考核人的职业志向、抗压能力、晋升机会或其他发展机会。年度考核是评估工作成绩的有效工具，没理由完全弃之不用，但如果绩效考核只是一年一次，恐怕就不能正确地评估表现。在 30 到 60 分钟的面谈过程中，要把全年的工作成绩都总结一遍似乎不太现实。

首先让我们看一下绩效考核出错的情况。然后我们会给出几个建议，看如何有效地考核绩效，以及如何优化考核过程。

工作回顾 VS 工作视察

绩效考核做得好，公司将受益匪浅。在良好的管理和有效的激励制度之下，员工的满意度更高，生产效率更高，整体表现也更优秀。糟糕的管理者轻则打击员工士气，重则引起员工对组织的憎恨，甚至还会导致员工怠工、举报对应管理者等。

绩效评估应该是一个对话的过程。在这个过程中，双方有机会开诚布公地沟通。如果在绩效评估的过程中，只有管理者或者人力资源部门自上而下的训导，员工没有发言权，那么这不是绩效评估，更像是一次视察。

首先，它打击了员工士气。绩效考核的过程没有绩效、工作、挑战和机会的讨论，只剩下"才艺展示"。这样一来，员工只会在年度考核前的几天尽力表现出最好的一面。

其次，对于管理层、人力资源部门和任何负责绩效考评的人来说，他们失去了一个了解公司真正现状的好机会。而真正的双向对话则会提供这样的机会。绩效考核除了是讨论员工工作表现的机会，还是一个深入了解公司、部门或团队现状的好机会。做得好的地方有哪些？还有哪些地方是自上而下的视角看不到的？这些地方可以怎么改进？这时候，员工的视角就不可低估了。

有效的绩效评估带来的好处是显而易见的，但是做起来并不容易。要得到员工的真实答复，员工需要知道评估的人是否真的在用心倾听，是否会有效地处理他们给出的信息并对信息保密。考核人要做出跟进，并诚实地告知被考核人哪些事情自己能够做到并且一定会做到。如果承诺不能兑现，被考核人很快就会对公司不抱希望，从而产生不信任感。

这里有一个真实的事例。一家大型金融机构的前首席执行官兼总裁每周都会带着几个选定的高管做随机访问。这不是装模作样的视察，而是出于真实的兴趣，同时他也明白，在这么大型的企业中，管理者无法了解到一切，所以倾听员工的不同想法就显得十分重要。无论是在公司部门的一个办公室还是在其他地方的分支机构,他都会在现场和员工进行单独沟通。这不是一个空洞的姿态,而是有实际的金钱激励做支撑的。"告诉我们哪些是我们之前漏掉的,哪些地方可以做得更好或者节省成本。如果你的点子有效果,这个点子产生的额外利润或者节省下来的成本就有你一份。"

绩效考核与例行检查

顺利进行的年度考核是很有用的,但是这还不够。一年一次的考核频率不能够将员工计划外的表现都包括进去,所以也就无法准确或全面衡量员工的表现,更何况员工的表现在一年之中可能变化极大。

处理这种情况的方法之一就是增加考核的频率。半年或者一个季度一次的考核能够更准确地反映成绩。当然,这会增加行政工作和人力资源部门的报告任务。为了解决这个困难,有些组织除了年度绩效考核外,还增加了一些例行检查,这些检查更简洁、更高效。

当然，文档是绩效考核重要的一部分。简化文档可以帮助我们减少负担，也可以借助电脑软件简化流程，自动归类、存储和分析信息。2017 年，麦克雷和弗恩海姆提供了一个 20 人左右的管理例子。管理者会在每个早上抽出一部分时间在办公室转一转，和下属聊一聊。只不过是短短几分钟的聊天，问一些简单的问题，比如"最近怎么样""今天的工作安排是什么""你的妻子 / 丈夫还好吧"。这其实就是短小的常规考核，只不过伪装在愉快的闲聊之下而已。

这种考核形式并不是任何地方都适用，但可以因地制宜地做出调整。一些聪明的人力资源同事就知道怎么在茶水间或休息室轻松而不刻意地获取到信息。有些人对正式的年度考核却步，但是接受简短愉快的聊天。

这不是说非正式的常规检查可以替代执行规范的绩效考核过程，它只能作为补充。它能帮助我们看到员工每日的表现，及早发现问题,还可以增强管理者的开放性和了解员工的兴趣,管理者将不再只是在奖金季节如此,而是每日都如此。

从开始到现在,我们不停地强调,如果做得好,年度考核十分有用。如果操作不当,年度考核就是浪费资源或者降低生产力的举动。接下来,就如何提高绩效考核的质量,我们给出七个要点。之后,对被考核者,我们也给出了一些建议。

评估和考核系统的 7 个要点

1. 不是每个人都能够做好考核工作。经验不足、忧虑太多或者不够坚定的管理者可能不会打出低分。绩效考核的过程可能会出现棘手的状况,尤其是涉及表现评估时。如果每个人都在 5 分制的考核中拿到 4 分或 5 分,这样的评估就没什么意义。

2. 评估数据应和奖励挂钩。工资、福利或奖金应和业绩标准清晰地挂钩。每日的常规检查也许不能和奖励明确地联系在一起，但是从全局出发，要制定清晰的业绩目标，这些目标能够决定谁获得奖金、为什么获得奖金、怎么获得奖金。

3.员工要表现出想法或参与其中。有时候，在积极寻求反馈和过度打扰员工之间保持平衡有些困难。但是如果员工觉得考核标准和他们的工作无关，或者觉得自己在考核的过程中参与度不高，那么考核的结果就不会理想。有时候，各部门或者不同岗位之间的绩效很难进行比较，这时候，如果能制定自己的标准来考核最优表现，那么它会增加员工的参与度和贡献度。

4.将常规的反馈和结构化的考核结合起来。正如之前所提到的，年度考核和日常反馈都十分有用。年度考核能够鼓励员工继续保持好的一面，但这更可能仅仅在考核将近的时候才发生。需要长时间观察的问题可以留给年度考核或者半年一次的考核，日常检查则可以更好地应对突发情况。

5.制度面前，人人平等。如果一部分人必须接受严格的考核，而另一部分人（比如管理层）可以不受考核的约束，那么不公平的感觉就会产生。无论是谁,都应该纳入绩效考核体系中,并赏罚分明。考核标准根据岗位的不同可以有一定弹性,但是它必须适用于每一个人。

6.团队和个人的绩效都要考虑。如果考核制度只针对个人,那么对于团队表现则有消极作用。考核制度不应该只考虑个人的绩效,还要将团队的绩效考虑进去,论功行赏,用奖赏来激励好的工作表现。

7.等级评分制应该有清晰的定义并规范化。评分制里的分数要有清晰的相对应的字眼,定义绩效的等级和类型。绩效评分制应该这么用词:1 分 = 不满意,2 分 = 满意但有提升空间,3 分 = 满意,4 分 = 优秀,5 分 = 突出,以便每个考核者对分数的理解趋于一致,知道区分点在哪儿。

做绩效考核常常要考虑成本和收益的问题。高频率和全面性的考核可能会受到预算的限制。非正式的检查十分费时,似乎不会总被优先考虑,但请考虑一下绩效考核做不好所带来的损失。

绩效管理和一般的评估一样，只有做得好才能发挥它的作用和效果。做得好的绩效考核对公司十分有价值，而如果做得不好，不仅浪费金钱，而且会让有待进步的员工失去动力。

给员工的建议——如何从绩效考核中收获最大

不仅仅是人力资源专业的人士要充分利用绩效考核制度，接受考核的员工同样需要认真对待绩效考核。员工要做好充分的准备，为考核提供最有效的信息和资料，认真思考他们自己如何能从中获益。以下 4 条建议是给被考核者的。

1. 牢记你的职业目标。如果考核做得好，考核双方都能从中获益。一般情况下，考核者会有一系列考核标准和期望的工作行为。考核标准的弹性和开放程度根据每个机构的情况有所不同。老板、经理或者人力资源人士应该要知道他们对员工的期望是什么，以及评估的业绩包含了什么。但是这方面他们不如员工自己想得周到，员工能一边努力工作达到绩效标准，一边清楚地了解自己的技能和职业目标并在考核中解释和讨论它们。

2.发现价值。绩效考核看起来似乎令人讨厌、毫无意义、公式化。不是所有员工在绩效考核过程中的表现都能过关。然而，这和其他工作的情况一样，看你怎么对待它。听取他人的建议，做好准备，牢记职业目标，你才能够在考核中表现得更好，收获更大。

即使绩效考核没有针对性或者做得不好，你也可以借这个机会讨论你的工作内容以及你的成果。可能在这个过程中你就制定出了自己的考核标准并突出了自己在工作中的优势。

3.做好准备。在接受考核之前，认真回顾你在过去那段时期的工作表现。将表现记下来，突出那些你做得特别好的工作或者项目。如果你的考核人准备不足，你可以借这个机会集中讨论你做得最出色的那部分。

将业绩考核当作你的工作面试。准备好亮出你的成就，讨论你的职业目标。如果你有任何的顾虑或者不痛快，有准备地把它们带出来进行讨论。提出问题时，也思考一下它们有什么解决方法，或者你希望的结果是什么。在突出成就时，也要时刻准备好对考核人的鼓励。

4. 积极应对、反馈。不是所有的员工都能记得工作考核并做出积极应对。如果你收到了考核的通知，你可以礼貌地提醒经理或者考核人对你考核的时间。

如果你的绩效不错，你的职业目标也很清晰，错失绩效考核机会就会给你带来很大的损失。绩效考核提供了一个很好的机会让你去讨论工作表现和职业目标。这个机会轻易不要错过。

结　论

很难说年度考核是最佳的制度，但是本章讨论的不是它们的不好。一直以来，人力资源圈的专业人士都在讨论年度评估制度是否应该成为过去式。

我们认为，年度考核还有价值，虽然它有待改进，但现在还不是抛弃年度考核的时候，而是要通过一些补充方法来达到考核的最好效果。

选择二十五
高专业技能者与杰出管理者之间的差距

某个领域专业技术很强的杰出人士并不会自然而然
地成为好的管理者或者领导者。究竟是什么让杰出人士
如此成功？

介　绍

职场人力资源部门有一个相当普遍的迷思，那就是，业绩
突出的员工是否是管理者或者领导层的最佳候选人。究竟是什
么让杰出人士如此成功？人们对高成就者成功的因素十分感兴
趣，认为这些因素包括了他们的野心或者有贵人相助。关于成
功的要素，有各种各样的理论都做了解释。许多人惯性认为，
在一个领域获得突出成就的人自然也容易在另一个领域获得同
样的成绩。

很多行业和工作中都有这样的现象：某个专业领域表现突出的人晋升成为管理者或者领导。这个现象被称为"能力幻觉"。在提拔某个员工时，常出现这样的错误想法，认为某个领域的专业技术能力可以自然地转化为领导力，但这两种能力完全不同。这个问题一直都存在，尤其存在于人力资源部门。

在某项工作上接受持续练习和训练的人投入了大量的时间和精力去掌握相关技能，而这些技能未必能转化为领导力。能力突出的护士未必可以成为优秀的护士长，单科很厉害的老师未必可以成为出色的班主任。管理和掌握某个专业领域的专业技能有着本质的不同。

还有一个普遍的迷思就是，成就突出的人理应获得晋升，升任管理者或领导就是对他们的奖励。但是，如果他们没有相应的技能，也没有接受过相应的培训，晋升很快便会打击到他们，成为他们的内在阻挠，最后导致他们失败。

彼得（Peter）和赫尔（Hull）的"彼得定律"认为，在组织或企业的等级制度中，人会因其某种特质或特殊技能，令他被擢升到他不能胜任的职位。

这个问题在各行各业都存在，在专业化的工作中尤其如此。一个人可能在某个专业上有突出的能力，充满干劲且有着十分娴熟的业务技能，但在管理上却不擅长。所以，分清专业类工作和领导类工作就变得至关重要。

领导能力 VS 专业技术能力

将两条本质完全不同的职业道路做区分是可行的。专业性职业道路就是成为某个领域的专家，比如律师和医生，他们一辈子都在执业，工程师和技术员也可以终其一生追求更出色的专业技术。他们不断地磨炼技能、增加知识、积累经验，把自己的工作越做越好。

管理这条路和专业这条路则完全不同，管理者要管理和影

响他人，和别人建立起联系，尽管专业技能有助于他们管理和
领导他人，但是领导者很少或根本用不上那些专业技能。如果
领导能力和经验不足，好的技术员就会是个糟糕的管理者，"把
顶尖的技术员提拔成为管理者之后，就是失去了一个出色的技
术员，多了一个糟糕的管理者"。

专业性	领导力
·专业性意味着出色地完成某项工作 ·"关键因素包括……建立在广泛和丰富的职业经验上的完备知识体系，以及一系列行为、操作和过程。"	·领导力需要很好地处理各种关系 ·领导力涉及的不单单是个人，也包括对他人施加影响力

当人们把事业的成功看成是梯子，默认管理者的位置就是
对表现突出者的奖励时，问题就出现了。如果一个人很擅长自
己的工作，也很享受这份工作，那么他真的想调到一个看着别
人来做这份工作的位置上吗？上面的表格列出了专业性工作和
管理工作的不同之处。区分两者的不同十分重要，尤其是涉及
高技能者能否自然而然成为杰出的管理者这个问题时。实事求
是地说，表现优异者有巨大的潜能成为管理者或领导，但是他

们得发展全新的技能。

真正的问题应该是，怎样才能找到有潜力的管理者候选人？答案包含三个要素：能力、动力和名声。根据组织和职位高低的不同，三者的比重也不一样。

能　力

具体能力根据公司和部门的情况有所不同，但是完成好工作的能力是最关键的。领导力意味着拥有或者可以发展出领导技能，人际关系处理和关系管理技能。它包含了"向上"和"向下"两个方向，不仅要和更高的管理层打好关系，还要和直接下属相处和睦。

动　力

第二个关键要素就是动力。它常被深思熟虑的管理者不小心遗忘或者刻意忽视。我们要问清楚动力的层次以及方向。一个人是否动力够强、野心够大，而且有当领导的念头？这是必须要知道的。另一个更不被重视的问题就是，他们的动力来自

哪里？IT 专业人士、会计或者护士真的想做管理者吗？如果
他们的动力来自于让自己的前线经验派上用场，那么管理者的
角色可能就会令他们十分泄气。而如果有人当领导的动力十分
强，问一下原因。金钱、权力、影响力、独立性或者仁慈都可
以成为领导者的动力，但是这些动力对结果的影响各不相同。
不要小看了作为成功的关键因素的动力，没有动力，再强的能
力也会遭遇挑战或者失败。

名　声

第三个要素是名声。它可以被培养和发展。与能力不一样
的是，名声像是很难驯服的野兽，很难被完全控制。成功的领
导者明白发展、维系、改善关系以及经营名声的重要性。如果
一个人获得了公正、道德、勤奋以及有能力的名声，他就可以
靠着这个名声去影响周围的人。如果一个人的名声是刻薄、侵
略性强和斤斤计较，他们处理名声的方法又会不一样。那些营
销型和沟通型的人往往被指责为只关注外在的名声而忽视了内
在；情商不够高的人把职场名声忘却在脑后，结果造成了负面
影响。如果管理者的名声和实际行动有着巨大的差距，会适得

其反。名声很重要，但是何为"好名声"则根据不同的组织和情况而定。

"不是通过击打人的头来领导，这是攻击，不是领导。"德怀特·艾森豪威尔（Dwight Eisenhower）说。

仅仅有上面三个因素中的一两个是不够的。没有能力很快就会遭遇失败。没有动力，则会一事无成。糟糕的名声会迅速摧毁一切美好的未来，"名声败坏"的称号会伴随人的一生。下面的例子就是用来说明错误的人领导公司会带来什么后果。

案例研究　如果领导力出问题

在 1985 年到 2001 年期间，安然（美国能源公司）经历了辉煌的崛起和令人跌破眼镜的崩溃。公司失败的众多原因之一就是失败的领导。安然的领导层极其聪明和富有才华，成就了公司的崛起和辉煌，但也成了失败的导火索。在公司破产后，不少评论家一致同意，安然的管理者们天赋异禀，但就是不适合运营公司。

他们依靠审计漏洞制造出了比实际更成功的假象。他们制造出了一个复杂的系统，用来隐藏高额债务和虚浮利润。2001年，一切都被曝光，他们的债务高达 6.18 亿美元，美国证券交易委员会发现了他们的大面积财务欺诈。这就是"彼得定律"和"能力幻觉"的绝佳例子。这家公司有一群野心勃勃的人，可以不惜一切代价让公司看起来更成功和赚钱。尽管极具天赋、手段高明、野心勃勃，最后问题还是出在了领导身上，最终导致了公司的破产。

在某段时期里，安然似乎是世界上最强的公司之一。在股票价格从 90 美元跌到 1 美元的时候，投资者们（其中不少是员工）损失了数十亿美元，5000 多名员工失去了工作，很多人还失去了养老金，而安然的高层则数年来一直给自己开着高额的奖金。

安然不会是最后一例，但是教训是深刻的：错误的管理者带来的损失是巨大的。所以，管理者和领导者要有正确的技能、知识、能力，才能领导公司取得成功。

结　论

某个领域专业技能很强的杰出人士并不会自然而然地成为好的管理者或者领导者。这不是说一个优秀的技术员或者专家不能成为一名杰出的领导者。事实上，很多人通过学习能够成为出色的领导者，而且也这么做了。他们需要合适的发展机会和培训机会，从而建立、发展和掌握新的技能。

同样，不要先入为主地以为，表现突出者就会想从专业性的角色转变为管理性的角色。通常情况下，如果把表现突出者从他们擅长且喜欢的工作岗位上挪走，放到管理者的位置上，就会出现很大的问题。他们离开自己的专业领域，监督他人的工作，看着别人做自己喜欢做的事情还没有自己做得好，这对他们这样的专家来说，是多么埋没自身价值的一件事。

表现突出者可能会成为一个杰出的管理者，但不保证都能成为杰出的管理者。

选择二十六
电脑将取代你的工作？

对于有些工作来说，自动化行不通，也不现实，或者说一点也不节省成本。

介　绍

计算机和机器人会给职场或者员工带来怎样的效果？人们对此既充满了兴趣又十分激动不安。电脑程序可以取代整个行业，这一点旅游中介和银行出纳很快就意识到了，并为此感到惶恐。牙医、宗教领导、教师或编辑则发现他们的独特视角、专业知识及社会灵活性是机器难以取代的。

来自牛津大学的弗雷（Frey）和奥斯本（Osborne）在2013年的研究预测，有50%左右的工作将受到计算机化和自动化的威胁,但是他们预测到了在不同领域会有巨大差别。比如,根据他们的预测,电信市场的工作被取代的可能性最高,高达99%,会计和审计为94%,零售业为92%。被取代的可能性较低的首先是娱乐治疗师(为医院、疗养院等机构的患者制定、指导、协调基于娱乐的治疗方案,包括体育运动、戏剧美术、社区活动等。在患者的生理、心理等方面来帮助他们),可能性为零,牙医为0.7%,运动员教练为0.7%,牧师为0.8%。我们很容易就能想象到苹果或安卓开发出某个会计或者购物APP,但是我们很难想象"Apple iNun(Nun为修女的意思)"或者"Google Tooth Xtract.me"的东西会一夜蹿红。

所以,思考本章讲述的这个问题时,我们要根据不同的行业和不同的工作种类进行分析。对于有些工作来说,自动化操作不了,也不现实,或者说一点也不节省成本。而有些工作则备受自动化的威胁,即使它们尚没有被取代。

能被计算机取代的工作

《麻省理工科技评论》2013 年的一篇报道称，从工业革命开始到现在的 200 多年时间里，人们的工作正在被机器替代，不断有人力工作被机器所替代。在机器的帮助下，这些工作能用更少的人来完成。

在 20 世纪，美国的农业生产力飞速提高，农业就业人口从 1900 年的 41% 降到 2000 年的 2%。以这样的生产力发展水平，在这 100 年间，美国农场只需要 5% 的劳动力就能产出800% 的粮食。下图显示了就业和生产力的趋势（数据来源：Alston et al, 2010; Dmitri, Ef and and Conklin, 2005）。100 年间，1% 的劳动力创造了 160 倍的产量。

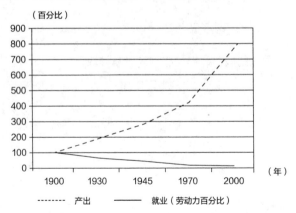

自动化后，任何常规和直接的工作都容易被提高生产力和降低成本。零售行业能够从实体转到线上，物流、运输和仓储行业中的常规化任务也可以被自动化。某款仓储机器人替代人工后可以将原生产力提升 4 倍。机器人不会有劳资纠纷，不需要劳动法的保护，不用午休，也不会忘记任何一个产品的位置。它们的可互换性高，可以很容易地被更换。

接下来这个案例还说明了被自动化取代的工作是无论如何也回不来了。

案例研究　自动化

哈佛大学经济学教授劳伦斯·卡茨（Lawrence Katz）将自动化看作是劳动力市场的一次变革，它给传统制造业的就业造成了深重的打击。20 世纪中期的工人以及充满抱负的美国高薪蓝领都自然地衰弱了下来，但是许多政客把这归咎于外国政府、国际贸易制度或者其他外因。正如卡茨教授所说："长远来看，自动化显然是更重要的因素。"

和农业相似的是，美国钢铁产业也遭遇了严重的失业，但是产量却没有相应地下降。据《美国经济评论》报道，在1962 年到 2005 年期间，美国钢铁产业失去了 75% 的劳动力，但是产量却维持不变。这意味着产业生产力提高 4 倍，用原来1/4 的劳动力也能办到。

自动化会取代一些工作，也会创造一些工作，但是新工作的数量很难和失去的工作数量持平。手工、生产或者低技术含量的工作往往会被高科技或者专业化的工作所取代，这些都是未来的工作，但是却不适合那些因为自动化或计算机化丢掉工作的工人们。

米勒（Miller）讲述了美国钢铁产业的工人的故事，比如在印第安纳州，工人失去了高薪制造业的工作，只能从事暂时的低薪工作或者打打零工。自动化带来的后果是公开的秘密，而且丝毫没有停下来的意思。

难以自动化的工作

许多工作就在被自动化的边缘,这些工作在之后数月、数年或者数十年内十分容易被取代。而有些工作则安全得多,计算机或者机器人很难取代它们。各行各业所面临的风险完全是不一样的。

弗雷和奥斯本早在2013年时列出了在接下来几十年内不太可能被取代的工作。

创意智力型工作。任何要求有趣、独特或新鲜的点子的工作都很难自动化或计算机化,那些有着清晰连贯和稳定的步骤的工作则能够被自动化。如果工作过程是机械性的,且结果是大家都清楚的,那么一个计算机的程序就能搞定。如果结果充满不确定性,需要创意或者新的解决方法,那么这就很难自动化。计算机可以产生"新"结果,因为它们可以轻而易举地给出之前未曾出现过的图像,但是这样的"新"充满了随机性。如果没有解决某个难题的对应程序,就很难对这个难题产生创意的方法。一个计算机可以辨识出范式，执行已设定的行动指令，但是却无法"理解"情景或"感知"到解决方法。

社交智力型工作。计算机程序可以完成指定的不同类型的任务，但是目前为止，无法理解任何情绪及思维，不能对复杂和微妙的社会环境做出很好的回应。计算机缺乏说服、共情和关爱的能力，这些能力在照顾、理解他人以及需要和人共事的工作中是不可或缺的。尽管通过一些语言程序的指令，机器人可以有关爱或善解人意的外在表现或举动，但是它们缺乏对应的真正的能力，也没有前文提到的工作所需要的洞察力和创造力。

尽管人们不停地努力要帮助计算机提高处理创意智力型、社交智力型任务的能力，但还有很长的一段路要走。钢铁工人、售货员、司机、仓库搬运工或许需要担心将来的工作，而时尚设计师、外科医生以及公关专业人士则没有这样的担心。

结　论

　　尽管预测哪些工作容易被计算机取代是相对来说简单的事，但有些事情是无法预测的，也很难预测到科技将会带来什么样的新工作。像新媒体运营、APP 开发、云计算的专业人士或无人机操控手都是比较新的工作。然而，许多新工作都和自动化、计算机息息相关。

　　计算机和机器人会夺走我们的工作，这话一点也不假。很多工作不可避免地会被计算机或机器人取代，但是对于那些需要关爱、才智、洞察力的工作，计算机目前还无法替代并不能构成威胁。

选择二十七
开放式办公室总是最好的选择？

这种类型的办公空间，实际上正在使一些人病重。

介 绍

在 2015 年，脸书的创始人马克·扎克伯格（Mark Zucker-berg）做了许多 CEO 在他之前就做过的事——把团队搬到一个开放式的办公室。现在，脸书的新总部内部，超过 2800 个员工在一个长达一英里的房间内工作，脸书跳进了开放式概念的浪潮中。目前，在美国，超过 70% 的办公室没有墙壁和门。

在 19 世纪 50 年代，现代主义建筑师设计了开放式办公室，这种办公室被定义为大型开放式空间，工作区域共享，私人办公室极少，以应对员工单调的工作生活，并且敲掉了墙壁试图让人们互相说话并且增进关系。

很多公司采用了这样的设计。但这解放了它们的员工吗？给予了员工更多的弹性和空间了吗？答案是没有。这么做主要是为了在一个房间内装下尽可能多的员工以降低成本。理论上，就是这样。

随着开放式办公室数量的增加，对它们有效性的研究的数量也在增加。研究得出的一致结论是，这些现代的工作空间没有很好地达到原来的高预期。戴维斯（Davis）、利奇（Leach）和克莱格（Clegg）审阅了超过100个用来检查开放式办公室效用的研究。他们推断，无隐私、无阻挡的办公空间导致了噪声水平和干扰的增加，这种形式的工作区有损员工满意度。而这些仅仅是开放式办公室众多问题的开始。

开放式办公室如何扼杀生产力

与传统环境相比，开放式环境滋养了更嘈杂以及更混乱的氛围。噪声干扰在办公室内多得很，不管是电话铃声，人们走进走出办公室，还是你同事跟你说话或彼此说话。世界卫生组织 2012 年的报告说，这些噪声水平在欧洲每年导致 300 亿英镑的损失——绝对没有企业最初想象的成本那么低！

一部分损失包括转移到开放式办公室之后员工更频繁地请病假。这是对的，这种类型的工作空间实际上正导致一些人病重——当与 20 多个员工共享一个办公室时，疾病往往可以快速扩散。丹尼尔森（Danielsson）及其同事在 2014 年的报告中说，把在私人办公室工作与在开放式办公室工作的瑞典员工相互比较后，在开放式办公室中请短期病假（一周或少于一周）的可能性升高了近乎两倍。

虽然理论上可以利用一对消音耳塞解决噪声污染，但是视觉污染更难以解决。各种各样不可避免的干扰进入员工的视野中,导致他们注意力分散以及他们的眼睛离开工作。平均而言,员工在他们的工作日每隔 11 分钟会分心一次,这使得他们更难处理多线任务和集中精神,甚至难以专注地阅读和写作。

单一尺寸并非适合所有员工

尽管开放式办公室对于一些人群作用很好,但是并不适用每位员工。争论哪个办公室的布局是更好的工作环境时,存在明确的差异,老一代习惯于更传统形式的工作环境,所以对开放式办公室的抱怨最大。

千禧世代大部分可能没有经历过其他形式的工作区域,他们对这种工作布局则更为乐观。开放式办公室可能更适用于年轻的员工,许多年轻人通常相信,若能与他们的团队和朋友更好地沟通,缺少隐私和忍受高噪声是值得的。

这些推论同样可以应用于性格外向的人,他们看重非正式的互动和与同事的轻松沟通。但开放式办公室可能使得性格内向的人的工作体验受损，因为他们对于外部刺激高度敏感。持久的噪声和视觉干扰，以及不可控的互动可能导致性格内向的人压力水平升高、表现水平降低，而性格外向的人也有可能受到这些干扰出现表现不佳的情况，在一定程度上，即使性格外向的人也有他们的极限。

开放式沟通，但是丧失隐私

可以说开放式布局促进了员工之间沟通。你可以简单地把你的椅子挪动三尺跟同事快速交谈而不用发电子邮件。但是这些类型的交谈在哪种程度上是有用的？交谈是纯与工作有关的话题吗？

如同预期，由于开放式办公室提供的轻松互动机会，同事之间创建了新的并且意想不到的纽带。但是，过多的沟通有损员工的注意力和创造性思考。

更重要的是，由于人们控制力和工作投入度的降低，隐私丧失还导致工作表现水平急转直下。控制力可以作为员工应对办公室干扰的调节剂。或者说控制力赋予员工强烈的动力将工作做得更多更快。最新的"热桌狂潮"是指员工没有固定的桌子，而是可以占用任何空闲的桌子，这对改善员工控制力的问题没有丝毫帮助。

结　论

虽然全球范围内的人们都在选择开放式办公室，但是其有效性是有限的。没有任何办公室的设计是完美的，并且总会存在取舍，因此，在确定办公室布局时必须考虑员工的类型和公司类型。诸如写作、财务和其他需要高度注意力的工作应该尽可能地抛弃开放式布局，保留更传统的办公室布局方式。